Agnes Johanna Flügel

One-Way-Ticket nach LISSABON

Das Jahr, in dem ich noch mal ganz von vorn anfing

Rowohlt Polaris

Zitate Seite 9:
Mia Couto aus «Das schlafwandelnde Land»
© 2014 Unionsverlag, Zürich
Übersetzung: Karin von Schweder-Schreiner
Dan Millman aus «Der Pfad des friedvollen Kriegers»
© 2003 Ansata Verlag, München,
in der Verlagsgruppe Random House GmbH
Übersetzung: Thomas Lindquist

Originalausgabe
Veröffentlicht im Rowohlt Taschenbuch Verlag, Hamburg, Mai 2020
Copyright © 2020 by Rowohlt Verlag GmbH, Hamburg
Covergestaltung HAUPTMANN & KOMPANIE Werbeagentur, Zürich
Coverabbildung Kenton Thatcher
Abbildungen U2/U3 © Daniel Sauthoff, © Agnes Flügel
Satz aus der Aldus LT Std
Typografie und Satz Farnschläder & Mahlstedt, Hamburg
Druck und Bindung CPI books GmbH, Leck, Germany
ISBN 978-3-499-00089-8

Die Rowohlt Verlage haben sich zu einer nachhaltigen Buchproduktion verpflichtet. Gemeinsam mit unseren Partnern und Lieferanten setzen wir uns für eine klimaneutrale Buchproduktion ein, die den Erwerb von Klimazertifikaten zur Kompensation des CO_2-Ausstoßes einschließt.
www.klimaneutralerverlag.de

Für meine Mutter

Der Wahrsager strich über seine Beine, als zöge er aus ihnen die Kraft zum Weissagen. Dann vertraute er mir Seltsames an. Er sagte, es gebe zwei Arten des Abschiedes: Die eine sei, fortzugehen, die andere, verrückt zu werden.

Mia Couto, *Das schlafwandelnde Land*

Übernimm lieber du selber die Verantwortung für dein Leben, statt anderen Menschen oder den Umständen die Schuld zu geben. Mach die Augen auf und erkenne, dass dein Glück, deine Gesundheit und deine ganze Situation im Leben von dir selbst verursacht sind – ob bewusst oder unbewusst.

Dan Millman, *Der Pfad des friedvollen Kriegers*

Inhalt

Prolog · 11

Der Anruf · 13
Super-GAU · 29
Chaos totalis · 35
Ausgebrannt · 45
Rein in die Weiblichkeit · 53
Risse im Paradies · 71
Die letzten Tage · 79
Abschied · 97
Nenn mich Lisboeta · 105
Mambo sawa sawa · 125
Brichst du auf gen Ithaka · 149
Home, sweet home · 171
Mein erstes Mal · 181
Hände weg von Latin Lovern · 187
Mein Lissabon-Geheimnis · 201
Was mich glücklich macht · 207

Epilog · 213

Dank · 223

Prolog

Von der Frühlingssonne geblendet, schloss ich die Augen und lauschte den morgendlichen Klängen. Seit gestern waren die Schwalben zurück und hatten aus Afrika Sonne und Wärme mitgebracht. Ihre Pfiffe gehörten zu meinen Lieblingsgeräuschen, und diese Sammlung wuchs stetig. Ich liebte das Bimmeln der Électricos und das Flötenspiel des Scherenschleifers, der jede Woche mit seinem Fahrrad durch meine Gasse zog. Ich liebte den sanften Klang portugiesischer Männerstimmen, wenn sie mit ihren Kindern sprachen, das Rauschen des Windes in den Pinienbäumen im Park Florestal de Monsanto und das Geräusch des Regens, wenn er auf die Bürgersteige fiel, sich in Bächen sammelte und dabei klang wie das elegante Plätschern der beiden Bronzebrunnen auf dem Rossio.

Mein Lieblingscafé klebte wie ein Schwalbennest unterhalb des Miradouro de Santa Catarina und bot einen grandiosen Ausblick über den Tejo. Auf der anderen Seite des Flusses segnete die meterhohe Christus-Staue «Cristo Rei» die Stadt und ihre Bürger, zu denen ich mich nun auch zählte.

Ich blinzelte in die Morgensonne und bestellte einen Espresso. In der Ferne zogen die Autos im morgendlichen Berufsverkehr wie ein Schwarm Sardinen über die «Ponte 25 de April» auf die Lissabonner Seite. Ab und an glitzerten ihre Karosserien in der Sonne und erinnerten mich an die silbrigen Bäuche der Fische, die die Lisboetas während der Festas dos Santos Populares in den Gassen vor ihren Häusern grillten und deren köstlicher Duft durch die ganze Stadt zog. Von irgendwo erklangen die Glocken einer Kirche. An einem Nachbartisch klingelte ein Telefon, und während ich die Flugbahnen der Schwalben verfolgte, die wie schwarze Mini-Raketen durch die Luft zischten, dachte ich an den Anruf vor drei Jahren, der meine geplante Flugroute durchkreuzt und mich nach Lissabon gebracht hatte.

Der Anruf

In der Nacht hatte es geschneit. Eine dünne Schneedecke überzuckerte die Wiese vor dem Haus. Nur die Maulwurfshügel ragten wie kleine Vulkane aus der weißen Landschaft hervor. «Wie schön das aussieht!», flüsterte ich, als ich durch die Fenster der Haustür in den Vorgarten spähte. Blaumeisen, Rotkehlchen und ein viel zu großer Buntspecht stritten sich um die Meisenknödel, die ich ein paar Tage zuvor in die Äste gehängt hatte. Im Unterholz hüpfte ein Zaunkönig von Ast zu Ast. Bewegungslos verharrte ich hinter der Scheibe und beobachtete das geschäftige Treiben. Vom Strohdach hingen lange Eiszapfen, die in der Morgensonne schmolzen. Tropfen für Tropfen hing einen Moment lang an der Spitze und funkelte wie ein wunderschöner Kristall, bevor er zu Boden fiel und mit den anderen Tropfen eine schmutzig braune Pfütze bildete. «Mal sehen, ob die Zeitung schon da ist», überlegte ich, zog die erstbeste Jacke über, die griffbereit über dem Treppenpfosten hing, und schlüpfte in meine Gummistiefel. In unserem entlegenen Winkel bestimmte das Wetter, wann und ob die Zeitung kam. War es gut, steckte sie bereits im Morgengrauen in der Zeitungsrolle. Bei Sturm oder gar Glätte schlug sich der Bote erst am späten Vormittag zu uns durch. Meistens auch gar nicht. Ich kniff die Augen zusammen, starrte Richtung Auffahrt und entdeckte das Fähnchen unseres amerikanischen Alu-Briefkastens. Leuchtend rot hob es sich von den dunklen Baumstämmen des Wäldchens auf der anderen Straßenseite ab. Der Zeitungsbote hatte es also bis zu uns heraus geschafft. Ich verließ das Haus und sog die frische Luft ein.

«Mist, da ist schon wieder ein Loch im Zaun!», fluchte ich, als ich auf der vereisten Auffahrt Richtung Tor schlitterte und die Spuren der Rehe im Schnee sah, die kreuz und quer über das Grundstück verliefen. Ich stoppte an einem der Beete und inspizierte die Pflanzen, die wir erst im Herbst gepflanzt hatten. Den Blumen, die sich gerade aus der Erde wagten, fehlten bereits die Köpfchen. Nur kahle Stängel ragten einsam aus dem schneematschigen Boden. Anfangs hatte ich mich über das Wild gefreut, das in dieser Gegend in Herden über die riesigen Felder zog und uns regelmäßig besuchte. Wer konnte schon von sich behaupten, anstelle von Gartenzwergen einen kapitalen Zehnender im Vorgarten stehen zu haben oder die Brunftkämpfe der Hirsche vom Sofa aus beobachten zu können? Manchmal versteckte sich sogar eine Ricke mit ihrem Kitz im Gras hinter den Himbeer- und Johannisbeersträuchern. Nachdem sich die Rehe jedoch über meine Gemüsebeete hergemacht hatten und nichts von dem, was ich wochenlang auf der Fensterbank vorgezogen hatte, jemals zur Blüte kam, änderte ich meine Meinung, und wir zäunten unser Grundstück ein. «Jetzt ist Schluss. Dieses Jahr bleibt es bei Löwenzahn und Gänseblümchen. Ich pflanze nix mehr», seufzte ich enttäuscht und stapfte gen Auffahrt.

Vor knapp zehn Jahren hatten mein Mann und ich uns mit diesem Haus unseren Traum vom Leben auf dem Lande erfüllt. Hier in der Einsamkeit hatte ich den Ort gefunden, an dem ich mich nach einem stressigen Berufsalltag in Hamburg mit Konkurrenzkämpfen, Mobbing und Kündigungswellen in immerwährender Harmonie wähnte. Unser Grundstück war meine Bannmeile. Mein biologisch-dynamischer Schutzwall vor den

Herausforderungen des Lebens und meine Bastion für Geborgenheit. Das dünne Eis auf den Wasserpfützen splitterte unter meinen Füßen. Die Morgensonne, die orangefarben zwischen den Stämmen des Wäldchens funkelte, blendete mich, und schützend hielt ich meine Hand vor die Augen. An ein paar Ästen sprossen zarte Blättchen. Bald würde der ganze Wald grün getupft sein. Ich liebte diese Zeit des Jahres, wenn die Natur unmerklich den Neubeginn startete und dann im Frühling plötzlich explodierte.

Der morsche Holzpfosten, an dem der silberne Briefkasten hing, knirschte bedenklich, als ich am Griff des festgefrorenen Deckels zog. Endlich gab die Klappe nach. Zwei Ohrenkneifer flitzten erschrocken in den dunklen Teil der Röhre. Ich griff die Zeitung und das Gemeindeblatt, klemmte mir beides unter den Arm und wünschte den Ohrenkneifern ein schönes Wochenende. Dann knallte ich den Deckel zu. Während ich mich zum Gehen abwandte, sah ich aus den Augenwinkeln, wie der Pfosten samt Kasten in Zeitlupe nach hinten kippte und mit einem dumpfen Aufprall auf dem Boden landete. «Oh nein, auch das noch!», entfuhr es mir. Bei der Witterung würden wir den Pfosten nicht so einfach in den gefrorenen Boden bekommen. «Ach, Rudi macht das schon», beruhigte ich mich und nahm mir vor, gleich nach dem Frühstück bei meinem «Mädchen für alles» vorbeizugehen. In meinem Hofladen gab es noch ein paar andere Sachen, die vor dem Beginn der Saison von ihm repariert werden mussten. Ohne Rudi war ich aufgeschmissen. Im Dorf wurde er nur «Schuppen-Rudi» genannt, da er einem im Handumdrehen einen Schuppen in den Garten stellte, wenn man nicht auf ihn aufpasste. Getreu seinem Motto: Stauraum braucht man immer. Ich schmunzelte, als ich an meinen tatkräftigen Nachbarn dachte, und strich der Holzbiene, die auf meinem Firmenschild thronte, im Vorbeigehen über den Rücken. Ich war zwar nicht abergläubisch, hoffte aber dennoch, dass das Glück brachte. Schaden konnte es jedenfalls nicht.

Mein Blick schweifte über die Bienenstöcke, die auf der Wiese nebeneinanderstanden. «Euch besuch ich nach dem Frühstück», murmelte ich in Richtung der Bienenstöcke. Sofern sie den Winter überstanden hatten, waren auch bei den Bienen die Frühjahrsvorbereitungen in vollem Gange. Weiße Schneehäubchen schmückten die grün gestrichenen Kästen. Das neue Bienenjahr begann. Bis jetzt sah es so aus, als hätten meine Immen den Winter überstanden. Das war nicht selbstverständlich. Immer öfter hörte ich von Verlusten bei befreundeten Imkern, und auch ich hatte bereits Bienenvölker verloren. Der letzte Rundgang hatte mich optimistisch gestimmt. Aus jedem Bienenstock war ein sanftes Summen gedrungen, als ich mein Ohr darangehalten hatte. Die Chancen standen gut, dass das so blieb, sofern das Wetter mitspielte. «Hoffentlich wird dieses Frühjahr nicht wieder so feucht und kalt», dachte ich, schlang fröstelnd die Arme um meinen Körper und ging schneller. «Im Frühling brauchen die Bienen vor allem Pollen für ihre Brut», predigte ich in meinen Seminaren und verteilte Flyer mit Bienenweidepflanzen an meine Kunden und Seminarteilnehmer. Aber wenn das Thermometer nicht über 12 Grad kletterte und die Bienen wegen niedriger Temperaturen nicht ausfliegen konnten, nützte der bienenfreundlichste Garten nichts.

Unter dem Vordach trampelte ich ein paarmal auf der Fußmatte auf der Stelle, um den Schnee von meinen Schuhen abzuschütteln, und verstaute sie dann im hölzernen Schuhhaus vor der Eingangstür. Die Wärme des bullernden Kaminofens zog bis in den Flur hinein. Ich zog die Jacke aus, hängte sie über den Treppenpfosten und ging ins mollige Wohnzimmer. Im Vorbeigehen warf ich die Zeitung auf das Sofa und stellte mich vor den Ofen, um meine kalten Füße und klammen Hände zu wärmen. Langsam kehrte das Blut in meine Finger zurück, und auch meine Zehen tauten auf. Ich ließ mich in die weichen Polster unseres Sofas fallen, schnappte mir die Eckernförder Zeitung und überflog die Schlagzeilen. Die Welt hatte an diesem Wochenende mal wieder nichts Schönes zu berichten. In Amerika machte sich ein narzisstischer Immobilien-Hai auf den Weg ins Weiße Haus, und auch sonst frustrierten mich die Meldungen über Kriege, Attentate und andere Katastrophen. Je älter ich wurde, desto dünnhäutiger wurde ich. Eigentlich fühlte ich mich besser, wenn ich nicht wusste, was alles so geschah, und war froh, dass die Welt hier noch in Ordnung schien. Ich legte die Zeitung zur Seite, holte meinen Laptop hervor und las den Text, den ich am Abend zuvor geschrieben hatte: «Der Sturm aus Osten hatte zugenommen. Seit dem Nachmittag riss er so heftig am Reetdach, dass das Gebälk bei jeder Böe bedrohlich ächzte. Das tiefhängende Reetdach und die niedrigen Decken schluckten das letzte Tageslicht, das an diesem Dezembernachmittag durch die Scheiben fiel. Mit klammen Fingern entzündete Teresa ein paar Talgkerzen ...»

Die Zeilen gefielen mir, und ich nahm mir vor, später weiter an meinem Historienroman zu feilen. Im Frühling und Sommer würde ich keine Zeit mehr dafür haben. So oft wie möglich zog ich mich daher in meinen Bauwagen zurück und beschäftigte mich mit Storyboards, Charakteren und Plots. Ich kam nur langsam voran, schrieb Zeilen, die ich kurz darauf wieder löschte, und auf meinem Nachttisch stapelten sich Schreibratgeber, über deren Lektüre ich meistens einschlief. Mit neuem Mut klappte ich meinen Laptop zu und schaltete das Radio ein. Beschwingt von der Folkloremusik aus einem entlegenen Winkel Europas, pendelte ich zwischen Küche und Wohnzimmer hin und her und deckte den Tisch für unser «Landfrühstück». Diese Tradition existierte seit unserem Einzug. Damals hatte der Mai unseren Schritt von Hamburg nach Schleswig-Holstein mit wochenlangem Sonnenschein belohnt. Stundenlang saßen wir am üppig gedeckten Tisch auf der Wiese vor unserem Haus, lauschten dem Summen der Bienen und freuten uns über unser Glück. Unsere Frühstückszeremonie gab es noch immer, allerdings hatte die Frequenz abgenommen. Meine Imkerei war seit ihrer Gründung so gewachsen, dass ich ständig zu tun hatte, und auch mein Mann blieb immer öfter in Hamburg. Die Momente, in denen wir unser Landparadies gemeinsam genossen, konnten wir mittlerweile an einer Hand abzählen. Wenn ab April die Urlauber an die Küste zogen, hatte mein Hofladen Hochsaison, und im Herbst tingelte ich bis zum Heiligabend von Markt zu Markt. Da blieb nicht viel Zeit für Zweisamkeit.

Während die Eier auf dem Herd im kochenden Wasser simmerten und dabei leise aneinanderklickerten, fütterte ich meinen Mixer mit allem, was die Vorratskammer hergab. Außer der Aufgabe, gesund zu sein, hatte mein «Powertrunk» keine weitere Anforderung zu erfüllen. Meist entstand aus den Zutaten eine beige Substanz, die sich im Laufe der Zeit entmischte und in eine sämige obere und eine wässerige untere Schicht aufteilte. Zur Krönung tröpfelte ich diesmal neben den Blütenpollen noch ein wenig Propolis in die Mixtur. Schließlich war Erkältungszeit. Wie alle meine Imkerfreunde vertraute auch ich auf dieses Wundermittel aus dem Bienenstock. Es wirkte gegen Viren, Bakterien und Pilze und hatte bereits den alten Ägyptern beim Konservieren ihrer königlichen Mumien geholfen.

Als alles fertig war, ging ich in den Flur und pfiff. Lang, kurz, lang war unser Signal. Im oberen Stockwerk schrappten die Rollen eines Bürostuhls über den Holzboden, kurz darauf kam mein

Mann ins Wohnzimmer, und es konnte losgehen. Im Radio begann ein Feature über Lissabon; wir lauschten dem Beitrag über die Hauptstadt Portugals. Ein Senhor Jorge, Inhaber einer der letzten familiengeführten Kaffeeröstereien der Stadt, erzählte stolz von seinem Röster aus Deutschland, der aus den fünfziger Jahren stammte und noch mit Holz befeuert wurde, und Mariza, das schöne Gesicht des Fado, schwärmte von der Melancholie des Fado-Gesanges. Wir spitzten die Ohren. Der Beitrag machte Lust auf Urlaub, und Lissabon schien ein spannendes Ziel zu sein.

Mein Brötchen schwebte ein paar Zentimeter vor meinem Mund, und der Duft des Farmersalates kitzelte bereits in meiner Nase, als irgendwo im Haus mein Handy klingelte. «Wer weiß denn, dass ich hier bin?», kicherte ich. Den Standardwitz, den mein Mann meist brachte, wenn sein Handy klingelte, konnte ich mir nicht verkneifen. Ich ließ das Brötchen auf den Teller sinken und schob den Stuhl zurück. Dann überlegte ich es mir anders, sank zurück auf meinen Platz und ließ das Handy klingeln.

Als der Radiobericht vorbei war, hoben wir die Tafel auf. Ich erinnerte ich mich an den Anruf und kramte mein Handy aus der Tasche meiner Arbeitsjacke. Jemand hatte mir eine Sprachnachricht von über fünf Minuten Länge hinterlassen. «Chris», schoss es mir durch den Kopf, während ich auf das Start-Symbol tippte. Mein Bruder war der Einzige, der es schaffte, Nachrichten von dieser Länge auf meine Mailbox zu sprechen. Es kam zwar selten vor, aber wenn, dann vermittelte er sein Anliegen in verschachtelten Bandwurm-Sätzen, sodass ich am Ende nicht mehr wusste, worum es ging. Ich mochte meinen älteren Bruder, aber unsere Lebensentwürfe konnten gegensätzlicher nicht sein, und wir hatten ein distanziertes Verhältnis. Vielleicht lag es daran, dass ich als Fünfjährige mit einer Haarklammer Groschen aus seinem Sparschwein geangelt und mir dafür Salinos, weiße Mäuse und

Leckmuscheln gekauft oder heimlich seine Micky-Maus-Hefte gelesen hatte. «No news are good news», war der Modus Vivendi, der mir hinsichtlich meines Bruders am liebsten war.

Neugierig und mit einer diffusen Angst vor Ärger, lauschte ich seiner Nachricht. Während er ausschweifend vom Unfall meines Vaters berichtete, sank ich rückwärts auf eine der Treppenstufen und starrte auf die Schachbrettfliesen, bis sie vor meinen Augen zu flimmern begannen. Nur langsam begriff ich, was ich da gerade gehört hatte. Mir wurde kalt. Meine Hände waren blau angelaufen; und ich blies meinen warmen Atem hinein. Nach einer halben Ewigkeit sprang ich auf, riss die Türen unseres Garderobenschrankes auf und zog meinen Mantel vom Bügel. Auf einmal hatte ich es eilig. Einer der Bügel löste sich, flog durch die Luft und traf mich an der Schläfe. «Ruhig bleiben», mahnte ich mich, während ich mir die schmerzende Stirn rieb. «Ich muss ins Krankenhaus! Sofort! Papa ist was passiert!», schrie ich im Laufen in Richtung Obergeschoss. Ohne eine Antwort abzuwarten, rannte ich aus dem Haus und sprang ins Auto. Während ich rückwärts aus dem Carport setzte, angelte ich nach dem Handy in meiner Handtasche. Das Lenkrad verriss, und mein Auto schabte krachend über die Feldsteine unserer Beetumrandung. Ich ignorierte das Geräusch, das nach Werkstatt klang, und rief meinen Mann an, um ihm zu erklären, was passiert war. Im Rückspiegel sah ich, wie er in der offenen Haustür stand und mir nachschaute.

«Umgefallen», «Schneematsch» und «ausgekühlt» – die Worte meines Bruders wirbelten in meinem Kopf umher, während der Splitt gegen den Unterboden prasselte und ich viel zu schnell auf der kurvigen Landstraße Richtung Krankenhaus fuhr. «Papa ist ausgerutscht und kriegt eine Erkältung», beruhigte ich mich, glaubte mir aber selber nicht.

Eine Stunde später stand ich in der Klinik und nannte meinen Namen. Lag da Betroffenheit im Blick der Schwester, als sie in einer Akte blätterte und mir dann eine Zimmernummer nannte? Meine Hände hinterließen feuchte Flecken auf der Kunststoffoberfläche des Tresens. «Vor dem Betreten der Intensivstation Hände desinfizieren», stand in grellroten Lettern über einem Spender mit Desinfektionslösung, der neben dem Tresen hing. Ich ließ das durchsichtige Gel in meine Handfläche fließen und verteilte es auf der Haut. Während ich den tristen Flur hinablief, murmelte ich die Zimmernummern, die auf den Türen standen. Eine Melange aus Kantinenessen und Krankheit legte sich auf meine Zunge, und mir wurde flau im Magen. Ich schloss meinen Mund und hielt die Luft wieder an. Ich war zwar alles andere als eine Hygiene-Fanatikerin und aß auch Sachen, die auf den Boden gefallen waren – kurz abwischen und rein damit, so hatte ich die letzten Jahrzehnte ohne gesundheitliche Zwischenfälle überstanden –, aber vor multiresistenten Keimen, von denen ich gelesen hatte, fürchtete ich mich. Die Zeiten, in denen ich gerne im Krankenhaus lag, weil ich endlich mal im Mittelpunkt stand und jeden Tag Königsberger Klopse essen durfte, lagen Jahrzehnte zurück. Inzwischen war ein Jahr dann ein gutes, wenn das Wort «Krankenhaus» darin keine Rolle gespielt hatte.

Der Flur wurde grauer und meine Knie mit jedem Schritt weicher. Dann stand ich vor der Tür mit der Nummer, die mir die Schwester genannt hatte. Ich legte mein Ohr an die glatte und kühle Oberfläche und lauschte. Hinter mir rumpelte etwas, die Tür auf der anderen Seite des Flures öffnete sich, und ein Krankenpfleger schob ein Bett aus dem Zimmer. Unsere Blicke trafen sich, und wir nickten uns zu. Ich erschrak, denn im Bett vor ihm lag ein älterer Mann mit vollem weißen Haar. Ich schaute genauer hin und stellte erleichtert fest, dass es nicht mein Vater war. Die blassblauen, trüben Augen des Mannes fixierten mich. Beschämt, weil ich ihn angestarrt hatte, schlug ich meine Augen nieder. Zaghaft klopfte ich an die Tür. Nichts regte sich. Ich zog meinen Ärmel über meine Hand, drückte auf die Klinke und öffnete die Tür. Eine Wolke warmer Luft schlug mir entgegen. Außer einem weißen Vorhang, der das Zimmer in zwei Hälften teilte, war nichts zu sehen. Das rhythmische Pumpen einer Beatmungsmaschine erfüllte den Raum. Manchmal röchelte jemand. Pumpen, röcheln, pumpen, röcheln; die Geräusche machten mir Angst. Mein Herz schlug schneller, als ich auf Zehenspitzen auf den ersten Vorhang zusteuerte und in das Abteil lugte. Der dunkle Schopf eines fülligen Mannes, der beatmet wurde, tauchte in meinem Blickfeld auf. Erschrocken schloss ich den Vorhang wieder und schlich auf Zehenspitzen zum anderen Abteil. Einen Augenblick hielt ich inne, dann nahm ich all meinen Mut zusammen und schob den Vorhang zur Seite. Da lag mein Vater. Er hatte die Augen geschlossen. Sein Mund war leicht geöffnet und es wirkte, als würde er schlafen. Ihn hier liegen zu sehen, erschien mir absurd. Er war der flotteste 82-Jährige, den ich kannte. Schlank, sportlich und mit scharfem Geist. Voller Interessen, Pläne und Träumereien. Irgendwie alterslos, stehen geblieben in der Mitte seiner Sechziger. Täglich aktiv und noch attraktiv für die Damenwelt des Reitstalls, in dem sein Pferd stand. Die gängigen Zivilisationskrankheiten hatten einen Bogen um ihn gemacht, und «Krebs» war ihm nur während seiner Karriere als Meeresbiologe begegnet. Viel Bewegung, mäßige Kost und ein Gläschen Rotwein am Abend hatten ihn scheinbar unverwundbar gemacht.

«Hallo, Papa!», sagte ich etwas zu laut und trat an sein Bett. Mein Vater erwiderte meinen Gruß, aber seine Stimme klang schwach und lallend. Er sah aus wie immer. Ich entspannte mich und beugte mich über ihn. Da sah ich, dass sein linker Mundwinkel herabhing, was seinem Gesicht einen fremdartigen Ausdruck gab. Der dünne Schlauch eines Beatmungsgerätes führte in seine Nase, seine Arme lagen links und rechts neben seinem Körper, und in einem seiner Handrücken steckte eine Kanüle, die mit einem Tropf verbunden war. Am Kopfende stand ein Monitor. So ein Gerät kannte ich nur von Arztserien aus dem Fernsehen. Die Linien und Zahlen auf dem Bildschirm sagten mir nichts, aber der gleichmäßige Piepton klang nicht bedrohlich. Über der Lehne eines Stuhles hingen die braune Cordhose und der bordeauxfarbene Rollkragenpullover meines Vaters. Feuchte Ränder an der Kleidung und den Schuhen zeugten von dem, was passiert war. Ich schob den Stuhl neben sein Bett und setzte mich. Der vertraute Duft von Pferd und Stall stieg aus seinen Sachen in meine Nase. Lang vergangene Kindertage mit endlos scheinenden Sommerferien und Pony-Abenteuern kamen mir in den Sinn, und Tränen stiegen mir in die Augen. Hastig bohrte ich mir meinen Daumennagel in das Nagelbett des anderen Daumens; der Schmerz lenkte mich ab. Was sollte ich jetzt tun? Zögerlich legte ich meine Hand auf seine. Sie fühlte sich warm und lebendig an. Ich konnte mich nicht erinnern, ihn jemals so berührt zu haben. Etwas anderes als flüchtige Küsschen auf die Wange zur Begrüßung und zum Abschied hatte es zwischen uns nicht gegeben. Ich wollte etwas sagen, aber mir fiel nichts ein, denn normalerweise sprach mein Vater. Schon lange hatte ich es aufgegeben, mir Gehör zu verschaffen. Es war zwecklos. Charmant und eloquent lenkte er jedes Gespräch innerhalb kürzester Zeit auf seine Lieblingsthemen: Kunst, Geschichte und sein Pferd. Etwas anderes interessierte ihn nicht. Alle wichtigen Stationen meines Lebens hatten ohne sein spürbares Interesse stattgefunden. Meine Einschulung musste ich alleine bestreiten, mein Abitur war nicht der Rede wert und mein Uni-Abschluss sowieso nicht. An meiner Hochzeit schien ihn am meisten zu freuen, dass er sie nicht ausrichten musste, und als ich ihm stolz mein erstes Buch überreichte, verschwand es in seinem Bücherregal, ohne dass er es las. Ermutigung oder Anerkennung für das, was ich tat, gab es nicht, und auf meine hart erkämpften Erfolge reagierte er verhalten, zuweilen sogar mit Eifersucht. Irgendwann verstummte ich, redete mir ein, sein Interesse nicht zu benötigen, und gab mich cool und unnahbar. Es ging mir besser, wenn ich Abstand wahrte, dann konnte ich auch nichts vermissen. Dabei war ich ihm zu Dank verpflichtet; er hatte schließlich mein Studium und auch klaglos die Extra-Semester finanziert, die ich brauchte, bis ich mich endlich an meine Abschlussarbeit gewagt hatte. Vielleicht wäre es für ihn günstiger gewesen, hätte er Interesse an meiner universitären Laufbahn gezeigt, dachte ich manchmal, schließlich war er als Professor Spezialist auf diesem Sektor. Erst Jahrzehnte und unzählige Therapiestunden später verstand ich, was mein Problem mit ihm war. Für mich thronte mein Vater auf einem hohen Sockel und duldete niemanden neben sich. Anstatt mir seine Hand zu reichen, um mir im Laufe der Jahre zu ihm hinaufzuhelfen, versuchte er, das zu verhindern – unbewusst, versteht sich.

Stumm saß ich nun an seinem Bett und suchte nach einem Gesprächseinstieg. «Wie geht's dir?», sagte ich schließlich und fand meine Frage erschreckend banal. «Prima», lallte er und verstummte wieder. «Und wie geht es Maxel?» Mit diesem Thema befand ich mich auf sicherem Terrain. Er lächelte, und sein Gesicht verzog sich zu einer Grimasse. Betreten schaute ich auf den Monitor an seinem Kopfende und beobachtete die Wellenlinie, die gleichförmig von einer Seite zur anderen oszillierte. «Er hat neulich eine Piaffe gemacht», erzählte mein Vater schleppend. «Toll, wie schön!», tat ich, als würde ich mich darüber freuen. Mir fielen keine weiteren Gesprächsthemen ein, also schwieg ich und achtete nur auf die Berührung unserer Hände. Die ungewohnte Nähe löste mich, und ich wurde weicher.

«Jetzt wollen wir mal Ihre Reflexe prüfen!» Der Krankenpfleger, dem ich schon auf dem Flur begegnet war, betrat das Zimmer. Erleichtert über die Unterbrechung, stand ich auf, um ihm Platz zu machen. Während er meinem Vater ein paar Fragen zu Datum, Wochentag und Jahr stellte, schlug er die Bettdecke am Fußende zurück. Die Beine, die noch am Morgen kraftvoll den Bauch seines Pferdes umschlossen hatten, lagen schlaff auf der Matratze und wirkten dünn und zerbrechlich. Das bleiche Hellgrün des Krankenhauskittels ließ die Haut noch weißer, fast leblos wirken. Der Pfleger strich mit der Rückseite eines Kugelschreibers über die Fußsohlen meines Vaters, klopfte hier und presste dort. Einen Moment lang beobachtete ich ihn und versuchte, von seiner Mimik auf den Zustand meines Vaters zu schließen, dann schlich ich aus dem Zimmer. Ich fühlte mich wie ein Voyeur, und seine Schwäche und Hilflosigkeit erschreckten mich. «Papa besteht alle Untersuchungen und Tests mit Bravour, wie immer in seinem Leben», beruhigte ich mich, während ich auf dem Flur auf und ab tigerte. Endlich kam der Pfleger aus dem Zimmer. Medizinische Fachbegriffe flogen mir um die Ohren, und ich schnappte nach den Brocken, die ich verstand – der Rest rauschte an mir vorbei. «Hat Ihr Vater eine Patientenverfügung?» Ein schrilles Piepen aus seiner Tasche unterbrach unser Gespräch. «Ich muss los, hinterlassen Sie Ihre Nummer am Empfang», rief er im Gehen und verschwand.

«Patientenverfügung? Wo denkt der hin?», murmelte ich bitter und dachte an den langen Brief, den ich meinem Vater nur ein paar Wochen zuvor geschrieben hatte.

Damals hatte mich eine innere Unruhe angetrieben, meinem Vater mein Herz auszuschütten. Ich hatte Angst davor, irgendwann einmal unvorbereitet mit meiner demenzkranken Mutter und einem riesigen Chaos allein dazustehen. Dieser Brief war meine letzte Hoffnung gewesen, ihn zu erreichen. Anders wusste ich mir nicht mehr zu helfen. Seit Jahren schlug er meine Bemühungen, die Pflege unserer Mutter auf professionelle Schultern zu verlagern und seine Belange zu regeln, in den Wind. Dabei sah mein Elternhaus aus wie ein Messie-Haushalt, meine Mutter wie eine Bettlerin, und er lebte mittendrin in diesem Chaos, stets am Rande eines Nervenzusammenbruchs. «Ja, ja», wehrte er jedes Mal ab und tat so, als wäre er unsterblich, wenn ich ihm die Angebote von Essen auf Rädern, ambulanter Pflege oder anderen Einrichtungen präsentierte, um seine Situation und die meiner Mutter zu erleichtern.

Lieber Papa, schon zweimal durfte ich miterleben, wie es ist, wenn ein Mensch stirbt. Für diese Erfahrung bin ich meinen Schwiegereltern sehr dankbar. Ich schreibe dir, weil ihr in einem ähnlichen Alter seid. (...) Als deine Tochter, die möchte, dass es unserer Familie gut ergeht, bitte ich dich, alles zu regeln, was für den Fall der Fälle wichtig ist. (...) Ich hoffe, du spürst, dass dieser Brief von Herzen kommt. Ich habe gerade fünf Stunden daran gesessen und so manche Träne geweint. Aber wenn ich sogar die Angst vorm Tod verloren habe, wieso sollte ich dann Angst haben, dir mitzuteilen, was mich besorgt und mir Angst macht? Ich habe dich lieb, deine Tochter.

Ich hatte den Brief abgeschickt und in den folgenden Tagen hoffnungsvoll auf eine Reaktion gewartet. Täglich fieberte ich der Ankunft des Postboten entgegen und lief aufgeregt zum Briefkasten, sobald das gelbe Auto vom Hof fuhr. Manchmal stellte ich mir vor, dass mein Vater persönlich in unsere Auffahrt bog und langsam wie in einem Film auf mich zukam, um mich in seine väterlichen Arme zu schließen – stolz auf die verkannte Tochter, die sein Herz und seine Augen geöffnet hatte. Vergeblich. Die Zeit verstrich, und nichts geschah. Verunsichert, ob mein Bittbrief unangemessen gewesen sein könnte, las ich die Kopie wieder und wieder. Aber ich konnte beim besten Willen nichts Schlimmes daran finden.

«Er muss erst sacken lassen, was ich geschrieben habe», entschuldigte ich sein Schweigen.

«Vielleicht ist der Brief verlorengegangen. Von der Unzuverlässigkeit der Post hört man immer häufiger», hoffte ich, nachdem bereits ein Monat verstrichen war.

«Ist mir doch egal. Soll er doch zusehen, wie er klarkommt», resignierte ich irgendwann und begrub meine Hoffnung, jemals eine Antwort von ihm zu erhalten.

«Jetzt reicht's», schwor ich mir, während ich zu ihm zurück ins Zimmer schlüpfte, «sobald er gesund ist, entkommt er mir nicht. Jetzt müssen wir reden.»

Super-GAU

Ich riss meine Augen auf. Im Zimmer war es stockdunkel. Einen Augenblick lang wusste ich nicht, wo ich war. Dann fiel mir wieder ein, dass ich im Bett unseres Gästezimmers lag. Am Abend zuvor war hatte ich Stunden wach gelegen, war irgendwann todmüde aufgestanden und ins Erdgeschoss geschlichen. Ich hatte mich ins klamme Bett gelegt, gelesen und musste irgendwann doch eingenickt sein. Das Schrillen des Telefons bohrte sich durch meine Ohrenstöpsel in mein Unterbewusstsein; ich zog einen Arm unter der warmen Decke hervor und tastete auf dem eiskalten Parkettboden nach meinem Handy. Das grelle Licht des Displays blendete. Ich kniff meine Augen zusammen und entzifferte die Nummer. Schlagartig war ich hellwach, räusperte mich, stopfte mir ein Kissen in den Rücken und nahm den Anruf entgegen. Sachlich und ohne Umschweife überbrachte mir eine Stimme die Nachricht vom Tod meines Vaters. Das Gespräch dauerte nur ein paar Sekunden. Was gab es da auch viel zu sagen? Ich sank zurück auf mein Kissen und starrte in die Dunkelheit. Die Worte der Krankenschwester hallten noch in meinem Kopf, und ihre Bedeutung sickerte nur langsam in mein Bewusstsein. Ich suchte nach Gefühlen, fand aber nur Leere. Ich wollte aufstehen, aber die Geborgenheit meines Bettes schien mich zu umklammern; mein Körper rührte sich nicht von der Stelle. Sobald ich das Bett verließ, wäre nichts mehr so wie vorher, und den Moment wollte ich so lange wie möglich hinauszögern. Schließlich gab ich mir einen Ruck und schwang meine Beine über die Bettkante. Die Kälte des Fußbodens war wie ein elektrischer Schlag und vertrieb die letzte Benommenheit aus meinem Schädel. Im Schein meines Telefons schlüpfte ich in meine Klamotten, ging in die Küche und machte mir einen Kaffee. Die Morgenluft stach in meine Wangen, als ich mit einem Becher mit Kaffee eine Viertelstunde später das Haus verließ. Die dünne Eisschicht auf den Pfützen barst unter meinen Füßen; das Geräusch zerschnitt die morgendliche Stille. Hinter dem Wäldchen auf der anderen Straßenseite ging gerade die Sonne auf und goss ihre orangefarbenen Strahlen in den Tag. «Alles sieht aus wie gestern, und dennoch ist alles anders», dachte ich, während ich zu meinem Auto lief. Mein Kater blinzelte schlaftrunken von seinem Plätzchen im Dach des Carports auf mich herab, als ich ins Auto stieg. So früh hatte er mich hier noch nie gesehen. Ein paar Rehe standen äsend auf ihrem nächtlichen Weideplatz und flüchteten, als sie mich sahen. Selbst bei unseren Nachbarn, die schon mit dem ersten Hahnenschrei aktiv waren, war noch alles dunkel. Hauchdünne Eisblumen schimmerten auf der Landstraße im Morgenlicht. Ich ging vom Gas, auch wenn es mir schwerfiel. Im Dorf schnitt mir ein Streuwagen den Weg ab und schleuderte mir eine Ladung Salz entgegen, die laut gegen mein Auto prasselte. Ungeduldig zuckelte ich hinter dem Laster her und wartete auf eine Gelegenheit, um ihn zu überholen.

Endlich erreichte ich das Krankenhaus und quetschte mein Auto in die letzte Lücke, die ich finden konnte. Hastig überquerte ich den Parkplatz und sprang über die Rabatten hinweg zum Eingang. «Mach mal halblang! Du verpasst schon nichts», blaffte ein schwerfälliger Mann, den ich mit einem der Glasflügel der Drehtür vorwärtsschob, weil er mir zu langsam ging. Ich ignorierte sein Gemecker und hastete hinauf in den 5. Stock zur Intensivstation.

«Mein Beileid», sagte die Schwester, die mir am Tag zuvor die Zimmernummer genannt hatte. Stumm eilte ich an ihr vorbei den Gang hinab. Der rhythmische Klang der Beatmungsmaschine, die hinter dem ersten Vorhang unverdrossen Leben in einen Patienten pumpte, empfing mich. «Wieso lebt der und Papa nicht?», dachte ich und schämte mich augenblicklich für diesen Gedanken.

Mein Vater lag da wie am Tag zuvor. Sein Mund stand leicht offen, nur sein rosiger Teint war einer fahlen Gesichtsfarbe gewichen. Seine Haut spannte über den Wangenknochen und ließ seine Gesichtszüge schärfer wirken. Es war nur ein Hauch, aber der war entscheidend. Zögerlich trat ich an sein Bett und berührte mit meinen Fingerkuppen seinen Handrücken. Seine Haut fühlte sich kalt und wächsern an. Mich schauderte, und ich zog meine Hand zurück. Ich setzte mich auf den Stuhl, über dem immer noch seine Sachen hingen. Sachte hob ich die Bettdecke und berührte mit meiner Hand seinen Bauch. Hier war sein Körper noch warm und schien dem Leben näher als dem Tod. Ich schob den Stuhl so nah wie möglich an sein Bett und steckte meine kalten Hände weit unter die Decke. Kein bisschen seiner Wärme durfte mir verlorengehen. Langsam wärmte sein toter Körper meine Hände auf. Immer wieder wanderte mein Blick zu seinem Gesicht, aber ich hielt den Anblick seiner starren Miene nicht lange aus und schaute über ihn hinweg in den Himmel. Das graue Nichts neutralisierte das Bild, das sich in meine Netzhaut fraß. Ich versuchte zu weinen, aber außer einem Schluchzer kamen keine Tränen.

Der Patient im Nachbarbett röchelte. Ich hielt den Atem an, lauschte und überlegte, Hilfe zu holen, aber die Geräusche hinter dem Vorhang normalisierten sich, und ich verwarf den Gedanken. Ich dachte an meinen Schwiegervater. «Sterben kann auch schön sein», hatte er gesagte, als er im eigenen Wohnzimmer bei Kerzenlicht und seiner Lieblingsmusik seine letzte Reise antrat. Nachdem er es nach mehrwöchiger schwerer Krankheit endlich geschafft hatte, hatten wir mit Familie und Freunden auf ihn angestoßen, in Erinnerungen geschwelgt und gleichzeitig unser Leben gefeiert. In der Nacht hatten wir an seinem Bett Totenwache gehalten. Manchmal war der Wind durch seine Rosen gefahren, die wie zu einem letzten Gruß an die Scheibe des Wohnzimmers klopften, oder das zarte Klimpern das Windspiels erklang und erinnerte mich an das Flüstern seiner Seele. Ich liebte meinen Schwiegervater, aber sein dünner, lebloser Körper hatte mich geängstigt. Irgendwann hatte sich meine Furcht gelegt, und sein Tod hatte für mich nichts Schreckliches mehr. Ganz im Gegenteil. Diese Nacht war magisch gewesen und diese Erfahrung ein Geschenk. Seitdem hatte ich mir für meine Eltern ein ähnliches Ende gewünscht.

«Hat Papa gemerkt, dass er stirbt?», ging es mir durch den Kopf. Die Vorstellung, dass er alleine gestorben war und vielleicht Angst gehabt hatte, machte mich traurig. Meine Zähne schlugen aufeinander, obwohl das Zimmer überheizt war. Die Tür ging auf. «Jetzt wollen wir mal Ihre Reflexe prüfen», sagte jemand zum Patienten im Nachbarbett. Decken raschelten. «Ein dünner Vorhang zwischen Leben und Tod», dachte ich und rückte näher an meinen Vater, um die Reste seiner Wärme aufzusaugen.

«Bitte nicht mehr so lange. Ich muss das Bett fertig machen!» Eine Reinigungskraft zog den Vorhang zur Seite. Ohne zu fragen, griff sie nach der Kleidung meines Vaters und stopfte sie in einen Plastiksack. «Nein, nicht! Das mache ich», fauchte ich und griff nach seinem Pullover. Sie zuckte mit den Schultern, ließ den

Plastiksack auf den Boden fallen und wischte mit einem Lappen über Schränke und Nachttische. «Wenn Sie noch lange brauchen, müssen wir Ihren Vater in den Keller bringen. Da können Sie länger bleiben», sagte sie und verschwand hinter dem Vorhang. Ich dachte an Kühlkammern, Plastiksäcke mit Reißverschluss und Edelstahlbahren mit Obduktionswerkzeug, wie ich es aus Krimis kannte. «Nie und nimmer, das kommt nicht in Frage», dachte ich, während ich den Vorhang wütend hinter ihr zuzog. Ich hielt mir den Pullover meines Vaters vor die Nase, sog seinen Duft ein. Auf einmal sah ich, wie er sich am Wochenende nach dem gemeinsamen Familienessen auf den Wohnzimmerteppich legte und mit mir «kämpfte». Ich kletterte auf ihm herum, und seine oktopusartigen Kitzelarme attackierten mich von allen Seiten. Anfangs war ich übermütig und voller Euphorie, dann kippte meine Stimmung, weil er so viel stärker war als ich. Wütend boxte ich auf ihn ein; er lachte und kitzelte mich noch mehr. Bevor ich enttäuscht über das ungleiche Kräfteverhältnis wirklich anfing zu weinen, ließ er mich gewinnen. Stolz thronte ich dann auf seinem Bauch, fixierte seine Arme mit meinen zerschrammten und streichholzdünnen Kinderbeinen, und meine Welt war wieder in Ordnung.

Die Reinigungskraft tauchte wieder auf. Diesmal zog sie einen Putzwagen hinter sich her und stellte ihn so dicht neben mir ab, dass mir der beißende Geruch von Desinfektionsmittel in die Nase stieg. An innere Einkehr und Zwiesprache mit meinem Vater war nicht mehr zu denken. Vom Totenbett meines Vaters verjagt zu werden, war das Letzte, was ich wollte. Mit zitternden Händen nahm ich seine Kleider, strich sie glatt und legte sie in den Sack. Auf der Ablage des Nachttisches entdeckte ich seine Armbanduhr. Die Zeiger standen auf 4 Uhr 38. Ich band die Uhr um mein Handgelenk und steckte meine Hände ein letztes Mal unter seine Decke, um ein wenig seiner Wärme einzufangen.

«Gute Reise, lieber Papa», flüsterte ich schließlich, griff nach dem Plastiksack und ging.

Chaos totalis

Vom Krankenhaus fuhr ich in Richtung meines Elternhauses, und ich fühlte mich um Jahrzehnte zurückkatapultiert. Auf dieser Strecke hatte mein Vater mich jahrelang zur Schule mitgenommen. Alles wirkte vertraut und war dennoch fremd. Stadt und Dorf waren in den letzten 30 Jahren näher zusammengerückt; dort, wo einst Felder und Wiesen waren, standen jetzt ein Gewerbegebiet und ein Einkaufscenter.

Schon von weitem fiel das Haus meiner Eltern mit seinen blau gestrichenen Fenstern und den großen Bäumen ins Auge. Nach Krieg, Vertreibung und Gefangenschaft hatten sich meine Großeltern, beide schon jenseits der sechzig, mit diesem Haus eine neue Existenz aufgebaut. Der riesige, verwunschene Garten mit Sandkiste und Reifenschaukel und die liebevolle Präsenz meiner Großmutter hatten das Haus zu meinem Kindheitsparadies gemacht. Als letztes ihrer zwölf Enkelkinder war ich ihr Nesthäkchen und sie mein Ein und Alles. Ich durfte mit im Ehebett meiner Großeltern schlafen, die Kacheln in der Küche mit Pril-Blumen bekleben und, wenn ich lange genug bettelte, die Bonbondose plündern, die kindersicher hoch oben auf einem Schrank stand. Als ich acht Jahre alt war, starb meine Oma, und wir zogen in das Haus meiner Großeltern, um meinen Großvater zu versorgen. Anfangs freute ich mich, in dem Haus zu leben, in dem ich mich stets geborgen gefühlt hatte. Mit dem Umzug verlor der Ort jedoch seine Magie. Enge, Stress und die Demenz meines Großvaters hatten die ganze Familie belastet und langsam, aber sicher zermürbt.

Ich fuhr die Auffahrt hinauf und quetschte meinen Wagen auf den letzten Flecken, der noch zur Verfügung stand. Seit Jahren blockierten die kaputten Autos meines Bruders die Stellflächen und verwandelten den Vorgarten meiner Eltern in eine Art Schrottplatz. Was als Zwischenlösung gedacht war und mit einem Auto anfing, verselbständigte sich im Laufe der Zeit. Mittlerweile standen drei Rostlauben vor dem Haus. «Was sollen denn die Leute denken», regten sich meine Eltern anfangs auf und baten meinen Bruder, seine Autos woanders abzustellen. Vergeblich. Er ließ ihre Ermahnungen an sich abperlen, und bald umwucherte Löwenzahn die Fahrzeuge. Irgendwann gaben meine Eltern auf, und das «Dorf» gewöhnte sich an den liederlichen Vorgarten des einst schmucken Landarzt-Hauses, und aktuellere Themen traten beim Klatsch an der Wursttheke des Supermarktes auf die Tagesordnung. Schließlich nutzte mein Bruder seine Autos nur noch als Lager für die Dinge, die in seiner übervollen Wohnung keinen Platz mehr fanden, und es schien, als hätte er seine Reparaturvorhaben selbst aufgegeben. Gegen sein dickes Fell kam niemand an, nicht einmal er selber.

Meine Fahrertür ließ sich nur einen Spalt weit öffnen. Mit eingezogenem Bauch quetschte ich mich durch die schmale Öffnung und trat dabei in eine Pfütze mit Schmelzwasser. Ich stakste über ein Beet, um an den Kofferraum zu kommen, und trat dabei unfreiwillig ein paar Blumen nieder. Seit meine Mutter dement war, nahm ich nichts mehr mit ins Haus. Auf ihren ruhelosen Wanderungen von Zimmer zu Zimmer räumte sie Schränke und Schubladen aus und verursachte dabei ein riesiges Durcheinander. Einmal fand ich meine Handtasche nach langer Suche im Keller wieder, ein anderes Mal im Gartenschuppen. Küchengeräte landeten im Keller und Kleidungsstücke im Küchenschrank. Einiges blieb verschollen.

Die Veränderungen waren schleichend gekommen. Dass etwas mit ihr nicht stimmte, hatten wir vor über zehn Jahren bemerkt. Damals wirkte sie gehetzt, wurde misstrauisch, vergaß vieles und witterte überall Verschwörungen. Autos, die am Haus vorbeifuhren, übermittelten Botschaften per Scheinwerfer. Werbeprospekte mit plakativen Schlagzeilen enthielten verschlüsselte Hinweise, oder Unbekannte kamen ins Haus und stahlen. Beim Einkaufen legte ihr jemand angeblich Lebensmittel in den Korb, die sie nicht haben wollte, und sie benahm sich so merkwürdig, dass sie eines Tages Hausverbot bekam. Anfangs konnten wir sie noch beruhigen, später war sie für Argumente nicht mehr zugänglich.

Seit sie meinen dementen Großvater gepflegt hatte, verfolgte meine Mutter die Furcht, ebenfalls an Demenz zu erkranken. Eine Zeitlang versuchte ich, ihrer inneren Unruhe mit Baldriantee oder Lavendelpillen beizukommen; als ihr Zustand sich verschlechterte, vereinbarte ich Arzttermine, die sie verstreichen ließ. Ich bestellte den Medizinischen Dienst, aber aus Scham, Fremde ins Haus zu lassen, sagte mein Vater den Termin kurz vorher ab. Ohne die Zustimmung meiner Eltern konnte ich nichts ausrichten, und so musste ich hilflos mit anschauen, wie meine Mutter in die Krankheit abglitt, vor der sie sich so gefürchtet hatte.

Ich schlitterte über den unebenen Plattenweg zur Haustür. An einigen Stellen hatten die Wurzeln die Steine hochgedrückt, an anderen waren sie gesprungen. Ein Film aus Moos und Algen überzog die Treppenstufen. Der verwitterte Klingelknopf blieb stecken, als ich ihn drückte, und schrilles Dauerklingeln lärmte durch das Haus. Hastig pulte ich den Knopf wieder heraus; hinter der Milchglasscheibe tauchten die Umrisse meines Bruders auf. Er rüttelte an der Klinke und verschwand wieder. Nachdem meine Mutter eines Tages unkrautzupfend an der Bundesstraße aufgegabelt und von der Polizei zurückgebracht worden war, gingen wir kein Risiko mehr ein und schlossen die Tür Tag und Nacht ab. Die Gefahr, dass sie unbemerkt verschwinden und sich verlaufen könnte, war einfach zu groß. Zur Sicherheit zogen wir den Schlüssel ab, versteckten ihn und fanden ihn manchmal selbst kaum wieder.

Schlotternd stand ich auf dem Treppenabsatz und wartete auf meinen Bruder. Endlich schloss er auf und ließ mich rein; er wusste schon, was passiert war. Die Nachtwache schien unruhig gewesen zu sein. Seine dunklen Augenränder sprachen Bände.

«Tja», seufzte ich, während wir uns flüchtig umarmten. Etwas anderes fiel mir nicht ein. Sein Duft von Motorenöl und Staub stieg mir in die Nase, als ich mich an ihm vorbeidrückte und das Wohnzimmer betrat. Die Luft dort roch abgestanden und ein wenig nach Urin. Der Sessel meines Vaters vor dem Fernseher wirkte wie eine kleine Insel in stürmischer See. Auf dem Beistelltisch daneben standen noch sein Weinglas und ein Holzbrettchen mit Brotkrümeln. Es sah aus, als wäre er nur kurz hinausgegangen.

Ich räumte mir auf dem ehemals taubenblauen Sofa einen Sitzplatz frei und ließ mich erschöpft fallen. Alte Prospekte, diverses Geschirr und jede Menge Krimskrams stapelten sich auf dem Couchtisch und überall dort, wo ein kleines bisschen Platz war. Über den Lehnen der Sessel lag Kleidung, die meine Mutter aus den Schränken geholt und hier ablegt hatte. Kunstbände und Fachbücher meines Vaters blockierten die Fensterbänke.

Aus dem Flur erklang ein Rumpeln, und kurz darauf betrat meine Mutter das Wohnzimmer. Sie trug zwei Pullover und darüber einen Mantel. Unter ihrem Rock lugten Hosenbeine hervor. Ihre Füße steckten in verschiedenfarbigen Strümpfen und den Gartenclogs, die ich ihr vor vielen Jahren zum Geburtstag geschenkt hatte, und wirre Haarsträhnen schauten unter ihrer Mütze hervor. Sie sah aus wie ein Clochard. Weil sie sich ungern beim Anziehen helfen ließ, ließen wir sie einfach machen. Hauptsache, ihre Garderobe war warm und sauber. Der Rest spielte keine Rolle, und für sie ergab es Sinn. Irgendwo hatte ich gelesen, dass bei einer Demenz die Erinnerungen aus dem Gedächtnis fielen wie Aktenordner aus einem Regal. Die ältesten Erinnerungen aus der Kindheit blieben am längsten erhalten. Als Kind auf der Flucht vor der Roten Armee war warme Kleidung ihr wertvollster Besitz gewesen, und sie hatte so viel wie möglich übereinander tragen müssen.

Meine Mutter hatte mich nicht bemerkt, brabbelte selbstvergessen vor sich hin und faltete dabei ein Geschirrtuch zusammen, nahm es wieder auseinander und faltete es erneut.

«Hallo, Mama! Wie geht es dir?» Ich umarmte sie und gab ihr ein Küsschen auf jede Wange. «Ab jetzt bin ich deine Mutter und du mein Kind», dachte ich und verbarg mein Gesicht, damit sie meine Tränen nicht sah. Ich wollte sie nicht beunruhigen, denn für Gefühle hatte sie ein feines Gespür. «Dadadada, lalalalal, dididid Agigigi», stammelte sie und drückte mich an sich. Die Krankheit hatte ihr Sprachzentrum angegriffen; sie konnte sich nicht mehr artikulieren, und wir mussten raten, was sie uns sagen wollte. Sie löste sich aus meiner Umarmung, und schon war ich vergessen. Als mein Bruder ein Tablett mit Kaffee ins Wohnzimmer trug, signalisierte ich ihm zu schweigen. Erstmal sollten wir uns selber an die neue Situation gewöhnen. Später konnten wir immer noch entscheiden, wie wir unserer Mutter die traurige Nachricht überbringen wollten. Als sie im Nebenzimmer verschwand, erzählte mir mein Bruder detailreich, wie der Nachbar unseren Vater im Schneematsch auf der Auffahrt gefunden, sich um ihn gekümmert und den Krankenwagen benachrichtigt hatte. Keiner wusste, wie lange er dort gelegen hatte und wie viel wertvolle Zeit verstrichen war, bevor ihm geholfen wurde. Die Vorstellung, dass mein Vater hilflos in der Kälte gelegen hatte, schmerzte, daher wechselte ich das Thema und begann, die Betreuung unserer Mutter für die kommenden Tage und Nächte aufzuteilen und zu überlegen, was zu tun wäre.

Nach einer Stunde brach ich auf, um mein Waschzeug und einen Schlafanzug zu holen. In dieser Nacht war ich mit Nachtwache dran. Nachdem meine Mutter ein paarmal im Halbschlaf die Treppe hinuntergegangen war, ließen wir sie auch nachts nicht aus den Augen; es war einfach zu gefährlich. Einmal hatte sie eine Herdplatte eingeschaltet, sodass sie durchbrannte, und ein anderes Mal konnten wir gerade noch verhindern, dass sie Spüli trank.

Mein Rücken schmerzte. Ich drehte mich von einer Seite auf die andere, aber es half nichts. Die Sprungfedern der durchgelegenen Matratze drückten sich in meine Wirbelsäule, trotz der doppelt gefalteten Decke, die ich unter das Laken gesteckt hatte. Im «Fahrstuhl», wie wir das kleine Erkerzimmer nannten, hatte ich das letzte Mal als Kind geschlafen. Anfangs wohnten meine Schwester und ich gemeinsam dort. Als meine Schwester älter wurde, schmiss sie mich raus, und ich kam im Zimmer meiner Mutter unter oder schlief auf einer Matratze unter dem Klavier. Das Haus war zu klein für unsere fünfköpfige Familie und meinen Großvater, und da ich die Jüngste war und ein Kind im

Weltbild meiner Eltern kaum eigene Bedürfnisse hatte, musste ich mich mit den Gegebenheiten abfinden. Einmal zog ich aus Protest samt Decke, Kissen und Teddy in den kalten und spinnenverseuchten Keller, bekam jedoch Angst, sobald es dunkelte, und schlich kleinlaut ins Zimmer meiner Mutter zurück. Abgesehen davon, dass sie schnarchte und ich stets mit aufwachte, wenn sie mehrmals pro Nacht meinen Opa zurück ins Bett brachte, schlief ich eigentlich ganz gerne bei ihr. Wenigstens nachts hatte ich sie dann mal für mich alleine. Als ich 16 Jahre alt war, starb mein Großvater, und ich bekam endlich ein eigenes Zimmer.

Die Luft roch staubig und nach Mottenkugeln. Im Licht der Autos, die vereinzelt die Dorfstraße passierten, glitt mein Blick über das Durcheinander. Auch hier hatte meine Mutter ihre Spuren hinterlassen; ich entdeckte ausgeblasene Ostereier, die wir als Kinder bemalt hatten, einzelne Socken, Bastkörbe mit alten Schlüsseln, vertrockneten Stiften und anderem Krimskrams. Ich öffnete die Klappe der hölzernen Bettumrandung und fand zwei gelbe Siegerschleifen, die ich als Teenager mit meinem Pony gewonnen hatte, und über und über mit Pferdebildern vollgekritzelte Schulhefte.

Seit Stunden lag ich nun wach und wartete auf meinen ersten Einsatz. Ich spitzte die Ohren und lauschte. Kein Detail durfte mir entgehen. Im Nebenzimmer rumorte es. Die Tür ging auf, und meine Mutter kam auf den Flur. Am Knacken der Dielen erkannte ich, wo sie sich befand, also wälzte ich mich aus dem Bett, schlüpfte in meine Puschen und betrat den Flur. «Hallo, Mamilein, ich bin's!», sagte ich etwas zu laut, um mir Mut zu machen. Meine Mutter war der sanfteste Mensch, den ich kannte, aber ihre Krankheit hatte ihr Wesen verändert, und manchmal reagierte sie aggressiv. In solchen Momenten hatte ich Angst vor ihr und wusste nicht, wie ich mit ihr umgehen sollte.

Sie schaute mich zwar an, schien mich aber nicht wirklich wahrzunehmen. Schlafwandlerisch tapste sie an mir vorbei und verschwand im Bad. Außer Mütze und Schuhen trug sie die gleichen Sachen wie tagsüber und war angezogen im Bett verschwunden. Ich wartete vor der Tür, begleitete sie dann zurück in ihr Zimmer, half ihr ins Bett und packte sie in ihre Bettdecke ein. «Puppe machen», nannten wir diese Technik, die aus unserer Kindheit stammte und ein besonderes Kuschelerlebnis erzeugte. Dann schlich ich aus dem Zimmer. Für einen Moment horchte ich außen an der Tür. Als ich ihr leises Schnarchen vernahm, ging ich zurück in den «Fahrstuhl» und legte mich ins Bett. Aber ich konnte nicht abschalten, jedes Knacken im Haus schreckte mich auf. Ich hielt den Atem an und lauschte mit heftig klopfendem Herzen in die Dunkelheit. Währenddessen kreisten meine Gedanken um das, was geregelt werden musste und wie ein Tsunami auf mich zurollte. Im Flur waren wieder Geräusche zu hören. Ich schreckte auf. Es war erst eine knappe Stunde vergangen, aber ich quälte mich aus dem Bett, und alles begann von vorn – und das noch sechs weitere Male in dieser und den kommenden Nächten, in denen ich bei meiner Mutter Nachtwache hielt. Am frühen Morgen rauschte der Berufsverkehr unter meinem Fenster vorbei. An Schlaf war jetzt nicht mehr zu denken, also stand ich auf und ging in die Küche. Auf den Arbeitsflächen stapelten sich Töpfe, Kochbücher und halb volle Marmeladengläser. Leere Pizzakartons und Kartoffelsalatschalen, die mein Bruder noch zu brauchen glaubte, blockierten die Ablagen. An einigen Stellen hatte Feuchtigkeit die Spanplatte quellen lassen, ein Fettfilm überzog die Oberflächen, und benutztes Geschirr der vergangenen Tage stapelte sich in einer Plastikschüssel in der Spüle. Die Geschirrspülmaschine war seit Jahren defekt und diente nur noch als Versteck für die Putzmittel, damit meine

Mutter nicht wieder versehentlich davon trank. Ich befüllte die Kaffeemaschine, und während der Kaffee in die Kanne lief, stellte ich mir vor, wie anstrengend das Leben mit meiner kranken Mutter gewesen sein musste, und überlegte, warum mein Vater dennoch keine Hilfe annehmen wollte. Ich wusch einen Becher ab und ging mit meinem Kaffee ins Wohnzimmer. Bevor meine Mutter wach wurde, hatte ich vielleicht etwas Zeit für mich. Ich räumte auf dem Sekretär meiner Mutter eine Fläche frei und begann zu schreiben: *Lieber Papa, auf einmal bist du tot. Du hattest einen Schlaganfall, bist draußen vor dem Haus hingefallen, und es hat einige Zeit gedauert, bis der Nachbar dich gefunden hat. Es ist für mich total irreal. ‹Ich muss Papa fragen›, denke ich immer wieder und möchte die Verantwortung für alles, was jetzt ansteht, an dich zurückgeben. Mal bin ich optimistisch, dass wir das alles gut hinbekommen, mal falle ich in ein tiefes Loch, bin hoffnungslos, fühle mich allein und zutiefst einsam. Kannst du dir das vorstellen? Ich habe mir jetzt vorgenommen, dir regelmäßig zu schreiben. Vielleicht hilft es mir, mit dieser Herausforderung umzugehen und am Ende gestärkt, mit neuen Erfahrungen und Vertrauen daraus hervorzugehen. Das möchte ich gerne, und dafür werde ich alles tun. Aber heute geht es mir schlecht.*

Ich tippte das Stichwort «Todesfall» in die Suchmaske meines Handys und überflog die Einträge. Solange meine Mutter schlief, hatte ich Zeit, um herauszufinden, was nötig war, um meinen Vater zu beerdigen. Ich hatte keine Ahnung, wo er seine Dokumente aufbewahrte, aber ich musste sie finden. Und zwar schnell. Wo sollte ich mit der Suche beginnen? Ich entschied mich für die antike Kommode meines Vaters, die im ehemaligen Esszimmer stand. Die Zeiten, in denen unsere Familie in diesem Zimmer gegessen hatte, lagen lange zurück. Danach hatte mein Vater sein Atelier hier eingerichtet. Auf einer Staffelei klemmte ein unvollendetes Stillleben, daneben lagen eine Malpalette mit eingetrockneten Aquarellfarben, zerdrückte Farbtuben und ein leeres Marmeladenglas mit Pinseln – es sah so aus, als hätte er die Arbeit nur kurz unterbrochen. Landschaftsbilder, Stillleben oder Porträts lehnten an den Wänden. Er malte gut, und bei jedem meiner Besuche gehörte es dazu, sein neuestes Werk zu bewundern. Ich spielte das Spiel mit, auch wenn mir nicht jedes seiner Bilder gefiel.

«Lass das! Vorsicht!», hörte ich die Stimme meines Vaters. Mir war, als stünde er neben mir und beobachtete jeden meiner Handgriffe. Instinktiv zog ich meinen Kopf ein. Nie zuvor hatte ich es gewagt, in seine Kommode zu schauen, und fühlte mich dabei wie ein Einbrecher. «Selber schuld, Papa», murmelte ich und verscheuchte ihn aus meinen Gedanken. Das Holz der Intarsienkommode war gequollen, und die Schublade klemmte. Sachte zog ich an den Messinggriffen. Die Terrine aus Meißner Porzellan und die Silberleuchter schwankten bedrohlich. Ängstlich fixierte ich die Heiligtümer meines Vaters, um rechtzeitig eingreifen zu können, falls etwas umfiel, und zog kräftiger. Endlich öffnete sich die Schublade weit genug, und zögerlich betrachtete ich das Durcheinander aus Fototaschen, Briefen und Mappen, auf denen die schwungvolle Schrift meines Vaters prangte. Beherzt durchsuchte ich den ersten Stapel, aber fand nichts außer dem Brief, den ich meinem Vater knapp zwei Monate vor seinem Tod geschrieben hatte. Betroffen nahm ich den geöffneten und zerknitterten Umschlag in die Hände, las, was ich geschrieben und worauf er nie geantwortet hatte, und stopfte den Brief in meine Hosentasche. Ich fühlte mich von ihm verraten und im Stich gelassen, und in die Trauer mischte sich Zorn.

Ausgebrannt

«Die Zeit des Zweifelns ist vorbei», brach es aus mir heraus, und ich ließ mich erschöpft auf den Hocker fallen. Ich schrie, um das Gebläse der Abzugshaube zu übertönen, denn mein Mann stand am Herd und schüttete Spaghetti in einen Topf mit brodelndem Salzwasser. Der aufsteigende Dampf hüllte ihn in eine Wolke und vernebelte die Küche. Ich hatte meinen Schnippeljob erledigt; kleingehackte Zwiebeln, Tomaten und Kräuter lagen griffbereit in kleinen Häufchen auf einem Holzbrett neben dem Herd. Vor einer halben Stunde war ich von einer Nachtwache bei meiner Mutter zurückgekehrt, und mein Magen hing mir in den Kniekehlen. «Wie meinst du das?», fragte mein Mann, reduzierte die Hitze und drehte sich zu mir um. «Ich kann das schwer beschreiben», stammelte ich, «es ist nur so ein Gefühl. Aber manchmal denke ich, dass Papas Tod auch ein Beginn sein kann.» Ich schaukelte auf dem Hocker hin und her und rang nach Worten. Dass der Tod meines Vaters, neben allem, was zu tun war, auch ein Gefühl von Befreiung in mir auslöste, verwirrte mich. «Vielleicht eröffnen sich ja jetzt Wege, wo ich vorher keine gesehen habe. Irgendwie wünsche ich mir, dass nach dem Abschied auch ein Aufbruch kommt», überlegte ich, wusste aber nicht genau, was ich damit meinte. «Ach, keine Ahnung, ich kann das nicht beschreiben», sagte ich und begann, den Tisch zu decken.

Ich schreckte hoch, mein Puls hämmerte in meinem Kopf. Erschrocken knipste ich meine Nachttischlampe an und pulte die Ohrenstöpsel aus meinen Ohren, um dieses Geräusch zu stoppen. Ich legte meine Handflächen auf mein rasendes Herz und atmete ein paarmal tief ein und aus, trank einen Schluck Wasser und beruhigte mich langsam. Der Albtraum war vorbei. Ich versuchte, mich an jedes Details zu erinnern, um meinen Traum besser zu verstehen und aufzuschreiben. *Hallo, Papa, ich hatte einen Albtraum. Ich lag in meinem Bett und bemerkte, dass dein Pferd mit im Zimmer war. Plötzlich ging es in die Knie und begrub mich unter sich. Ich hämmerte mit meinen Fäusten gegen seinen Leib, aber es rührte sich nicht von der Stelle. Sein Gewicht presste meinen Brustkorb zusammen, und ich bekam keine Luft mehr. Voller Panik versuchte ich, mich unter ihm herauszuziehen. Dann hörte ich, wie meine Rippen brachen. Auf einmal war ich nachts auf einem Friedhof. Die Kreuze an den Gräbern waren umgeworfen. Ich war allein, hatte Angst und wusste nicht, warum ich dort war. Dann bin ich aufgewacht. Das war schrecklich, Papa! Kannst du dir das vorstellen?*

Das Schreiben tat gut, der innere Druck ließ nach. Ich ließ meine Kladde unter dem Bett verschwinden und schluckte noch zwei Pillen mit Lavendelöl, um wieder einzuschlafen. «Ein, zwei, drei, vier», zählte ich langsam und hoffte, mit Hilfe des Lavendels zügig in den Schlaf zu gleiten.

Vor allem nachts lief mein Gedankenkarussell auf Hochtouren. Der Nachlass meines Vaters, die Versorgung meiner Mutter, das Haus und all die anderen Dinge, die ich regeln musste, türmten sich vor mir auf und schienen mich zu erdrücken. Als Jüngste hatte ich in der Familienhierarchie stets ganz unten gestanden, und meine Meinung hatte in der Vergangenheit in der Familie kaum Gewicht gehabt. Nun aber war ich als Vormund meiner Mutter an die Spitze katapultiert. Ich war für alles verantwortlich und musste Entscheidungen treffen, die ich nicht treffen wollte, und das lastete wie ein Albtraum auf meinen Schultern und raubte mir den Schlaf. Aber ich war die Einzige, die dafür in Frage kam. Meine Schwester zog gerade zu ihrem neuen Musikerfreund nach Dänemark oder tingelte mit ihm von Konzert zu Konzert, und mein Bruder bekam sein eigenes Leben nicht auf die Reihe. Mir blieb also nichts anderes übrig, als diese Aufgabe zu schultern, abgesehen davon fühlte ich mich für meine Mutter verantwortlich und wollte für sie da sein. Niemals hätte ich ihre Belange einem gesetzlichen Betreuer anvertraut.

«Wenn Sie nicht einschlafen, stehen Sie auf und lenken Sie sich ab. Versuchen Sie es später erneut», stand in dem Beipackzettel der Pillen als Tipp für besonders harte Fälle. Also stand ich auf und ging in die Küche. Der Spaghettiduft vom Abendessen lag noch in der Luft. Ich naschte einen Löffel kalte Pastasoße aus der Pfanne, die auf dem Herd stand, und kochte mir einen Tee. Die Uhr über der Spüle stand auf 4 Uhr. In 3 Stunden klingelte der Wecker. «Du MUSST jetzt schlafen», beschwor ich mich und ging zurück ins Bett. Ich legte mir meine mit Halbedelsteinen gefüllte Augenyoga-Maske auf das Gesicht. Die Maske war in kürzester Zeit zu meiner wichtigsten Einschlafhilfe geworden; die mit Lavendelblüten und Leinsamen gefüllte Seidenhülle versprach Harmonisierung, Ruhe und Entspannung – genau das, was ich brauchte. Die kühle Seide schmiegte sich auf mein Gesicht, und das Gewicht der Füllung entspannte meine verkrampften Muskeln. Schlafen konnte ich dennoch nicht. «Vielleicht hilft Meditation», überlegte ich, nahm die Maske wieder ab, suchte nach etwas Passendem auf YouTube und blieb bei einem Video mit dem Titel «Liebende Güte mit Selbstmitgefühl» hängen. Das klang gut und nicht zu esoterisch.

«Legen Sie sanft Ihre Hände auf Ihr Herz. Wir werden unseren Atem mit einem tiefen Gefühl der Fürsorge und Sanftheit beobachten.» Allein die warmherzige Stimme der Übungsleiterin tat gut. Selbstmitgefühl, Fürsorge oder gar Güte für mich selbst waren mir fremd. «Stell dich nicht so an!» oder «Sei nicht so zimperlich» – das waren die Sätze, mit denen ich mich stets innerlich an- oder auspeitschte und vorantrieb. Die sanfte Stimme und ihre Worte umhüllten mich wie eine flauschige Kaschmirdecke. «Mögest du glücklich sein, mögest du friedlich und ruhig sein», hörte ich noch im Halbschlaf und schlummerte endlich ein.

Ich blinzelte mit geschwollenen Augenlidern zu meinem Radiowecker; einige der Dioden funktionierten seit Jahren nicht mehr, und ich musste raten, wie spät es war. 10 Uhr! Ich hatte verschlafen. In ein paar Stunden begann meine Veranstaltung, und ich hatte die Vorbereitungen noch lange nicht abgeschlossen. «Rechnen Sie mit 60 Personen», hatte der Vorsitzende des Rotary Clubs in einem Tonfall, der keinen Widerspruch zuließ, ein paar Tage zuvor am Telefon mitgeteilt. «Ich freue mich!», hatte ich geantwortet und das flaue Gefühl in meinem Magen ignoriert. Auf so viele Gäste war ich eigentlich nicht eingestellt, und sowieso fühlte ich mich seit dem Tod meines Vaters ständig angestrengt und überfordert und kam kaum noch dazu, mich um meine Honigmanufaktur zu kümmern.

«Ach, stell dich nicht so an. Das schaffst du schon!» hatte ich mir gesagt und den Termin in meinen Kalender geschrieben. Außerdem waren das wichtige Leute, Firmeninhaber und andere Multiplikatoren. Diese Veranstaltung versprach Anschlussaufträge, und die konnte ich gut gebrauchen.

Zum Glück war auf Rudi und meine anderen Helfer Verlass. Der Aufbau klappte trotz der knappen Zeit wie am Schnürchen.

Zwei Stunden später stand ein Pavillon auf unserer Wiese, und zwei syrische Freunde, die ich über mein RefuBees-Imkerprojekt kennengelernt hatte, eilten in weißem Hemd und Schürze mit Geschirr und Kuchen hin und her. «Das sieht ja fast aus wie beim Hamburger Springderby. Gut, dass ich den Auftrag angenommen habe», freute ich mich und ging durch die Tischreihen, um zu prüfen, ob alles richtig eingedeckt war. «Sie kommen, sie kommen», rief mir einer meiner Helfer zu und wedelte aufgeregt mit seinen Armen. Ich lief über die Wiese, um die Gäste zu empfangen, und traute meinen Augen nicht, als ein großer Reisebus, dessen Rückspiegel wie überdimensionierte Insektenfühler vor der Windschutzscheibe hingen, langsam die schmale Straße vor unserem Haus hinabfuhr. Es wirkte so, als hätte sich ein Ufo in die Einöde verirrt. In dieser Art Bus wurden üblicherweise Bundesliga-Fußballer komfortabel von Spiel zu Spiel chauffiert. Das Geschoss hielt vor unserer Einfahrt, und ich quetschte mich zwischen Karosserie und Straßengraben zum Einstieg. Geräuschlos öffneten sich die Türflügel, und kühle Klimaanlagenluft, vermischt mit dem Geruch von Geld und Erfolg, stieg mir in die Nase. Der Vorsitzende, in rosafarbenem Hemd, Bügelfaltenhose und gewienerten Mokassins, stieg die mit Teppichboden ausgelegten Stufen hinab. Vor mir stand ein Alpha-Männchen, erfolgsverwöhnt, anspruchsvoll und von sich selbst überzeugt. Er schüttelte meine Hand und wirkte dabei, als habe er bereits jetzt Grund zur Klage. Mein selbstbewusstes Derby-Feeling löste sich innerhalb von Sekunden in Luft auf, und ich schrumpfte auf die Größe eines Gartenzwerges. «Willkommen in der Honigmanufaktur Flügelchen», hörte ich mich sagen, dann brach meine Stimme, und ich fing an zu heulen. «Es tut mir leid. Ich ... ich komme gleich wieder», schluchzte ich, winkte einen meiner Helfer herbei, damit er sich um die Gäste kümmerte, und eilte ins Haus. Ich stolperte die Treppe hoch, schloss mich im Bad ein und kauerte mich an die kalte Badewanne. Fieberhaft suchte ich nach Gründen, um die Veranstaltung abzublasen. «Das hast du dir selber eingebrockt. Da musst du jetzt durch. Du kannst die Gäste unmöglich zurückschicken», maßregelte mich meine innere Gouvernante. Ich riss mich zusammen, zog mich am Waschbecken hoch, schaufelte mir kaltes Wasser ins Gesicht und schluckte eine der Pillen, die mir eine Ärztin für Traditionelle Chinesische Medizin verschrieben hatte. Die Sibirische Rosenwurz sollte seine beruhigende Wirkung zwar erst nach ein paar Stunden entfalten, aber ich hoffte zumindest auf einen Placeboeffekt. Dann ging ich wieder raus, brachte die Veranstaltung mechanisch hinter mich und verkroch mich für den Rest des Tages in meinem Bauwagen.

Das Wägelchen war mein Rückzugsort. Die sechs Quadratmeter der «Villa Pauli» gaben mir Geborgenheit und ein Gefühl von Sicherheit. In dieser kleinen und überschaubaren Welt hatte ich alles unter Kontrolle und konnte endlich mal abschalten. Hier arbeitete ich an meinem Manuskript oder schrieb an meinen toten Vater, um mich zu erleichtern und meine Gedanken zu sortieren.

Lieber Papa, seit du tot bist, ist für mich alles fraglich geworden, was vorher Bestand hatte. Als wäre ich aus der Naivität der Jugend gekickt. «Ich habe gelernt, nachts im Wasser zu treiben», schrieb Haruki Marukami, und so fühlt es sich für mich an. Ich grolle dir, was du mir hinterlassen hat. Andererseits denke ich auch, dass dein Tod mir etwas eröffnet. Es fühlt sich schwer, unsicher und verwirrend an, aber ich hoffe, dass es am Ende gut wird. Am liebsten würde ich weg und alles hinter mir lassen.

Ich klappte meine Kladde zu und dachte nach. Vielleicht war es tatsächlich eine gute Idee, ein paar Tage zu verreisen, um Abstand zu bekommen und mal wieder an etwas anderes zu denken, überlegte ich und kaute an meinem Tintenroller. Aber wohin? Normalerweise war ich unentschlossen und entscheidungsschwach, wenn es darum ging, sich für ein Reiseziel zu entscheiden. Es gab so viele spannende Orte auf der Welt, dass ich jedes Mal, wenn ich ein Ziel wählen musste, traurig war, dass ich mich damit gegen ein anderes entscheiden würde. Außerdem hatte mein Mann seit Jahren die Reiseplanung in der Hand. Ein Strandurlaub alleine war langweilig. Ein Städte-Trip kam schon eher in Frage, aber der Gedanke fühlte sich verstörend an. Alleine in einer fremden Stadt irgendwo im Ausland? Mein Englisch war eingerostet, und ich hatte es meistens meinem Mann überlassen, wenn es auf Englisch etwas zu regeln gab. War das nicht alles zu anstrengend?

Auf einmal fiel mir der Reisebericht über Lissabon ein, den ich an dem Tag im Radio gehört hatte, als mein Vater seinen Unfall gehabt hatte. Der Bericht hatte mir gefallen, und irgendwie fühlte sich Lissabon schon ein bisschen vertraut für mich an. Vielleicht war es auch ein Zeichen, dass ich gerade an jenem Tag von Lissabon gehört hatte, an dem mein Vater starb, überlegte ich, verwarf diese Idee aber wieder, weil sie mir zu esoterisch klang. Dennoch, mein Entschluss stand fest. «Ich fahre nach Lissabon, und zwar so schnell wie möglich», bekräftigte ich meine Eingebung und hatte auf einmal keinen Zweifel daran, dass das genau das richtige Reiseziel war. Auch nicht, dass ich alleine reisen würde. Mein Mann und ich waren uns in den letzten Monaten fremd geworden, und die Stimmung zwischen uns war angespannt. Ich fühlte mich alleingelassen, war angestrengt und explodierte schnell. Aber ich hatte keine Energie, mich neben meiner Mutter, den Querelen mit meinen Geschwistern, der Abwicklung des Erbes, meiner Honigmanufaktur, dem Pferd meines Vaters, unserem Haus und der Gartenpflege auch noch um meine Ehe zu kümmern. Ich wollte nur noch weg, und zwar alleine, um Abstand zu gewinnen und durchzuatmen.

Rein in die Weiblichkeit

Der Lärm der Triebwerke nahm zu. Die Maschine setzte sich in Bewegung und rollte Richtung Startbahn. In meinem Bauch ballte sich ein Knäuel aus Vorfreude, Nervosität und Angst, und es kam mir vor, als würden Ameisen durch meine Adern flitzen. Das Flugzeug hob ab, und der Schub presste mich in meinen Sitz. Aus dem Knäuel in meinem Inneren wurden Tausende von Maiskörnern, die explodierten und gegen meine Bauchdecke prallten. Unauffällig bohrte ich mir wieder mal meinen Daumen ins Nagelbett, damit der Schmerz mich ablenkte. Ich wollte souverän wirken, wie eine Abenteurerin, die es gewohnt war, alleine mit Rucksack durch Amazonien zu reisen, in Hängematten zu schlafen und sich mit den Ureinwohnern anzufreunden. Dabei fühlte mich alles andere als souverän. Nach über 16 Jahren verreiste ich zum ersten Mal alleine, und das machte mich nervös. Was sollten meine Sitznachbarn von mir denken, wenn ich unvermittelt in Tränen ausbrach? Ich lehnte meine Stirn an die vibrierende Wandverkleidung und beobachtete, wie Hamburg immer kleiner wurde, bis es schließlich ganz verschwand. Wolkenfetzen schwebten an meinem Fenster vorbei, und hauchfeine Regentropfen vernebelten die Scheibe, bis sich die Sicht wieder lichtete und wir in den gleißenden Himmel emporstiegen. «Auch hinter den dunkelsten Wolken scheint die Sonne! Wie recht du hast, Omi», dachte ich, während ich aus sonniger Höhe auf die Wolkenberge herabschaute und an das Lebensmotto meiner geliebten Großmutter dachte. «Auf welcher Wolke Papa wohl sitzt?», überlegte ich und suchte nach einer, die einem Pferd ähnelte, konnte aber keine entdecken. Ich klemmte mir mein Nackenkissen um den Hals und rutschte auf dem Sitz hin und her, bis ich eine einigermaßen angenehme Position fand. Vielleicht konnte ich noch ein bisschen schlafen, bevor wir in Lissabon landeten. Ein paar Sitzreihen vor mir tauchte auf einmal der weiße Pagenkopf einer alten Dame auf. Ich erschrak und hatte ein Déjà-vu; die Ähnlichkeit mit meiner Mutter war verblüffend, und ohne dass ich dem etwas hätte entgegensetzen können, war die Erinnerung an den Tag vor einer Woche präsent, an dem ich meine Mutter ins Pflegeheim gebracht hatte.

«Mama, wir verreisen!», hatte ich gesagt und versucht, fröhlich zu klingen. Meine Hände hatten gezittert, als ich ihr in den Mantel half, einen Schal umband und ihr ein Köfferchen mit Schlafanzug, Kulturtasche und Pantoffeln in die Hand drückte. Munter und guter Dinge folgte sie mir aus dem Haus, und während ich mit ihrem Schlüssel hinter uns abschloss, wurde mir bewusst, dass meine Mutter ihr Haus wahrscheinlich nie wieder sehen, geschweige denn betreten würde. Der Gedanke schockierte mich, aber ich musste stark sein, und mein Verstand sagte, dass ich das Richtige tat. Zwei Tage zuvor hatte die Leiterin des Pflegeheimes, das ich mir für meine Mutter gewünscht hatte, mitgeteilt, dass ein Platz frei geworden sei. Schon lange bevor mein Vater starb, hatte ich bei meinen Recherchen über Demenz und Hilfsangebote für pflegende Angehörige dieses Pflegeheim ausfindig gemacht und meinen Vater bekniet, unsere Mutter dort rechtzeitig auf die Warteliste setzen zu lassen. Wie immer rannte ich bei ihm gegen eine Wand. Ich hatte mein Vorhaben frustriert aufgegeben, gemeinsam mit ihm zu einer Info-Veranstaltung zu fahren, und mich eines Abends alleine auf den Weg gemacht. Seitdem war mir klar, dass ich meine Mutter im Fall der Fälle nur hier unterbringen würde. Es war das beste Haus für Demenzkranke in unserer Region und über die Landesgrenzen hinaus bekannt; dementsprechend lang waren die Wartezeiten. Die Betreuung war liebevoll, es gab Musik und Tanzprogramme und einen großen Garten. Alles war auf die besonderen Bedürfnisse für Demenzkranke zugeschnitten, da alle Bewohner diese Krankheit hatten. Hier war sie endlich wieder «normal». Niemand würde sich über sie lustig machen oder über sie tratschen, und das war mir wichtig. So kurzfristig einen Platz zu bekommen, war wie ein Sechser im Lotto, also griff ich zu.

An einem sonnigen, aber kalten Tag im März, kurz vor ihrem Geburtstag, stiegen wir ins Auto und verließen den Ort, in dem sie viele Jahre gelebt hatte. Während sie auf der halbstündigen Fahrt die Landschaft genoss und sich über Kühe oder Pferde freute, fühlte ich mich immer elender, wie eine Verräterin, die ihr Vertrauen missbrauchte. Aber es gab keine Alternative. Es war das Beste für sie und für mich, auch wenn es sich wie das Gegenteil anfühlte.

Der Empfang im Heim war herzlich. Wir tranken Kaffee, aßen von dem Kuchen, mit dem das Personal meine Mutter empfangen hatte, und spazierten durch den Garten. Nach zwei Stunden übergab ich sie der Obhut einer Pflegerin. Ich wollte gehen, ohne zurückzuschauen, und tat es dann doch. Der Anblick meiner Mutter, die an der Hand einer Fremden ahnungslos in ein neues Leben tappte, hatte mich seitdem nicht mehr losgelassen. Viel lieber hätte ich mit ihr argumentiert oder gestritten; alles hätte sich besser angefühlt als ihr gutgläubiges Vertrauen und die Aussichtslosigkeit, ihr diese Situation zu erklären, und das schmerzte mich nach wie vor.

Ich versuchte, die Erinnerung zu verdrängen, und blätterte durch meinen Reiseführer. Außer dem wenigen, was ich von dem Radiobericht über Lissabon in Erinnerung hatte, wusste ich kaum etwas über mein Reiseziel. Der Lautsprecher knarzte, und der Pilot verkündete den Landeanflug. Neugierig reckte ich meinen Hals und warf einen ersten Blick auf die Stadt. Die kräuseligen Wellen des Atlantiks funkelten in der Sonne, dann tauchte der kilometerlange Sandstrand der Costa Caparica im Fensterausschnitt auf. Die Maschine legte sich in eine Kurve, und die Christusstatue Cristo Rei schob sich in mein Blickfeld. Mir schien, als würde sie mich mit ihren ausgebreiteten Arme empfangen. Auf der gegenüberliegenden Seite des Tejo leuchteten weiße Häuser mit ziegelroten Dächern in der Sonne. Ab und an ragte ein Kirchturm aus dem verschachtelten Häusermeer. Ich entdeckte das Pantheon, das Castelo Sao Jorge, die Basilika Estrela und andere Bauwerke, denen ich kurz zuvor im Reiseführer begegnet war. Der Anblick der Stadt und die diffuse Ahnung, hier irgendetwas zu finden, von dem ich noch nicht wusste, was es war, trafen mich mitten ins Herz. Bevor ich einen Fuß auf den Boden Lissabons gesetzt hatte, wusste ich, dass ich genau dort war, wo ich sein sollte.

Die Rua do Espirito Santo lag unterhalb des Castelo de Sao Jorge in der Alfama. Die kleinen pastellfarbenen Altstadthäuser mit ihren hölzernen Fensterläden und verzierten Balkongitter gefielen mir sofort. Ab und an hing eine schmiedeeiserne Straßenlaterne an einer Fassade und unterstrich das rustikale Flair. Die Gasse war so schmal, dass man sich die Hände reichen konnte, wenn man sich von beiden Seiten aus dem Fenster lehnte. An den Wäscheleinen schwang die Wäsche träge im Wind, hier und da zierten Blumenkästen mit Geranien die Fensterbänke. Eine alte Frau saß auf einem kleinen Hocker vor ihrem Laden inmitten von

Kisten mit Zitronen, Orangen und Trauben und genoss die Frühlingssonne. Keuchend zog ich meinen Koffer, der Meter für Meter schwerer wurde, über die hubbeligen schwarzen Steine und nickte ihr im Vorbeigehen zu. Wir waren schließlich Nachbarn, und ich würde sie bestimmt noch öfter sehen. Dann stand ich vor der Hausnummer, die mir meine Airbnb-Gastgeberin genannt hatte.

«Bom Dia, Honey», grinste Rita, als sie mir die Tür zu ihrer Wohnung öffnete. Ihre grünen Augen lachten, die hennarote Mähne stand wirr um ihren Kopf, und auf ihrem Dekolleté prangte ein Schwalben-Tattoo. Es war schon nach Mittag, aber sie schien direkt aus dem Bett zu kommen. Außer einem übergroßen Top, das mehr zeigte als verdeckte, BH und Tanga trug sie nichts. Ihre Füße steckten in dicken Puschen, die wie Dackel aussahen und deren abgewetzte Ohren über den Boden schleiften. Sie umarmte mich und drückte mir links und rechts ein Küsschen auf die Wange. «Das wird super», wusste ich im Bruchteil einer Sekunde und schloss meine Mitbewohnerin auf Zeit sofort ins Herz. Rita war Brasilianerin. Herzlich, laut, alles andere als verklemmt und das komplette Gegenteil von mir.

Mein Zimmer war klein, spärlich möbliert und klamm. Das Bett war der einzige Ort, an dem ich mich länger aufhalten konnte. Ich fand es dennoch herrlich, und ich hatte nicht vor, viel Zeit hier zu verbringen.

Einen Tag später saßen wir in Ritas Patio in der Sonne. Der Vinho Verde schien in unseren Gläsern zu verdampfen, und Rita erzählte mir, welche Bars und Clubs ich unbedingt besuchen musste. Mit jedem Schluck dieses portugiesischen Weißweines besserte sich mein Englisch, und ich staunte, wie die Wörter sprudelten, die ich seit Jahrzehnten nicht mehr benutzt hatte. Bougainvilleen und Wandelröschen berankten die Mauer, die Ritas Terrasse umgab. Ab und an stolzierte einer der Pfauen, die im Park des Castelo lebten, auf der Mauer umher und gab dem Ort ein morbid-charmantes Flair. Zucchinischeiben, Paprikastreifen und andere vegetarische Leckereien brutzelten auf dem Grill, und Ritas klappriger Tisch brach unter der Last der vorbereiteten Salate, Kuchen und Weinflaschen fast zusammen. Glücklich und zufrieden nippte ich an meinem Vinho Verde. Anfang März kletterten die Temperaturen in Lissabon mittags bereits auf 25 Grad. Zu Hause dagegen herrschte noch Strumpfhosenzeit, und Wind und Regen peitschten über die graubraunen Felder. Zwischen mir und meinen Problemen lagen 3000 Kilometer, und ich fühlte mich zum ersten Mal seit langer Zeit leicht und unbeschwert.

«Oh Gott, das kann ja was werden», stöhnte ich, als Ritas Freundinnen eintrafen, und biss mir sofort auf die Zunge. Immer häufiger ertappte ich mich dabei, dass ich Gedanken laut aussprach. Zuweilen konnte diese Marotte peinlich sein, wenn ich in der Öffentlichkeit etwas kommentierte, was mich erstaunte oder mir missfiel. Ich entschuldigte meine Selbstgespräche mit der Einsamkeit meines Landlebens. Ob das wirklich der Grund war oder ob es sich eher um eine Alterserscheinung handelte, blendete ich aus. Glücklicherweise sprach Rita kein Deutsch, also lächelte ich sie breit an und hielt meine Klappe.

Mit scharfen Klamotten, knallroten Lippen und Tattoos auf großflächig sichtbarer Haut fielen die Ladys in Ritas Patio ein wie eine Naturgewalt. Solche Frauen gab es bei uns auf dem Land nicht. Ihre extrovertierte Weiblichkeit, ihre Lautstärke und ihre Fröhlichkeit schüchterten mich ein und machten mich gleichzeitig aggressiv. Im Gegensatz zu ihnen fiel ich mit meinem praktischen Kurzhaarschnitt, der karierten Flanellbluse, die meine Nieren wärmte, und der Bequemjeans in die Kategorie «Kumpeltyp», und diese Erkenntnis tat weh. Nach zehn Jahren Landleben hatte das Praktische das Schöne abgelöst. Bei mir auf dem Lande gab es weder Anlass noch Publikum, um mich schick zu machen. Mir fiel nicht mal auf, dass ich meine Tage nur noch in Arbeitsklamotten, Fleecejacke und Crocs verbrachte. In Lichtgeschwindigkeit katapultierten diese Schönheiten mich aus meiner neuen Mitte an den äußersten Rand meines mickrigen weiblichen Selbstbewusstseins. Zu allem Überfluss kamen sie wie Rita aus Brasilien und waren «sexy by nature» und nicht nur wie ich «nordisch by nature». Ich war ein Boskop unter Granatäpfeln. «Das ist unpraktisch auf dem Land, Nagellack macht meine Bienen aggressiv, und mit dem Lippenstift bleibe ich am Schleier kleben!», redete ich mir ein. Ich ahnte, dass diese Erklärungen nur die halbe Wahrheit waren. Glaubenssätze meiner Mutter wie «Ich darf nicht auffallen» oder «Zu viel Weiblichkeit ist unanständig» hielten mich im Würgegriff. Was ich mir selber nicht gestattete, sollte auch keine andere dürfen. Kein Wunder, dass ich ihre offen zur Schau getragenen Insignien von Weiblichkeit ablehnte. Aber Ritas Freundinnen waren natürlich, lustig und klug. Kein bisschen arrogant, dumm oder was mir sonst noch für Klischees einfielen, um mich etwas besser zu fühlen. Glücklicherweise legte sich meine Stutenbissigkeit mit steigendem Alkoholpegel, und der Tag wurde richtig ausgelassen. So unbekümmert und fröhlich hatte ich mich schon lange nicht mehr gefühlt.

«Honey, heute wirst du aufgepeppt», flötete Rita, als ich am nächsten Morgen mit dröhnendem Schädel in die Küche schlurfte. Wie immer war sie noch nicht angezogen und beseitigte die Spuren unseres feuchtfröhlichen Grillevents in Dessous und Pantoffeln.

Es war spät geworden am Abend zuvor. Irgendwann hatte ich weinselig offenbart, dass ich meine Unterhosen wegen ihrer voluminösen Formgebung «Schinkenbeutel» nannte. «Ham bag or Presunto Saco, you understand?» Fünf offen stehende Münder und ebenso viele Augenpaare starrten mich an, und dann brach eine portugiesisch-englische Kakophonie aus Gelächter und Spott über mich herein. Mein Alkoholpegel war zum Glück hoch, meine Verletzlichkeit daher niedrig, also lachte ich mit und sagte sofort zu, als Rita entschied, mit mir shoppen zu gehen.

Aus den Augenwinkeln beäugte ich ihren Push-up-BH und ihren Brazilian-Style-Tanga genauer. «Das sieht gar nicht so schlecht aus», überlegte ich und stellte mir vor, mit diesem Outfit in meinen unförmigen und mit Gras- und Propolisflecken übersäten Imkeranzug zu schlüpfen. «Hauptsache, beim Schleppen von Bienenkästen und Honigeimern zwickt nichts», hoffte ich und wartete ungeduldig auf Rita, die endlos Zeit im Bad verbrachte, bis wir endlich meine Verwandlung von der Arbeitsbiene zur Königin starten konnten.

Ein paar Stunden später schleppten wir diverse Tüten der italienischen Dessous-Marke «Intimissimi» durch das Einkaufsviertel Baixa Richtung Alfama.

«Rita, now I turn crazy», entschied ich spontan, als mir ein Schild mit der Aufschrift «Beleza» ins Auge sprang. In den Schaufenstern hingen Plakate, auf denen bildhübsche Frauen mit ihren strassverzierten und bunt bemalten Fingernägeln kokettierten. Diese Liga wollte ich zwar nicht erreichen, aber die Richtung war klar. Mutig betrat ich den Schönheitssalon und zog Rita als Expertin in Sachen Beauty hinter mir her. «Sim,sim, stay aqui», kauderwelschte die Dame hinter dem Tresen, führte mich in den hinteren Bereich des Salons und ließ mich auf einer thronartigen Konstruktion aus Sessel mit einem Waschbecken in Fußhöhe Platz nehmen. Rita fachsimpelte bereits mit ihrer brasilianischen Landsmännin über Volume- oder Natural-Lashes und ließ sich die Farbpalette an Nagellack zeigen. Vergeblich bat ich sie zu übersetzen, aber sie winkte ab. «Trust me, honey, you will become beautiful», versprach sie, und mir blieb nichts übrig, als ihr zu glauben. Ich entspannte mich und ließ meine ausgefransten Nägel, die bisher nicht mehr als einen Nagelknipser gesehen hatten, mit einem Lack namens «Red Carpet» in knallrote Kunstwerke verwandeln. Während die Farbe trocknete und ich meine Hände mit gespreizten Fingern hochhielt, als würde ich mich einem Angreifer ergeben, ging es zur nächsten Station meiner Metamorphose. Ausgestreckt auf einer Liege, gab ich mich den zarten Fingern der Kosmetikerin hin, die mit einer Pinzette falsche Wimpern an meine echten klebte. Allein die Prozedur war wunderbar. Es fühlte sich an, als würde mich ein Schmetterling sanft mit seinen Flügeln kitzeln. Ich nickte ein, bis mich ein sanfter Stupser von Rita weckte. Sie hielt mir einen Spiegel unter die Nase, und auf den ersten Schreck folgte die Begeisterung. In nur zwei Stunden hatte ich mich vom Kumpeltyp in ein Bambi mit ellenlangen Wimpern und laszivem Augenaufschlag verwandelt. «Amazing, honey, you look amazing», flötete Rita und taxierte mich von oben bis unten wie jemand, der seine neuste Kreation bewunderte. «Into femininity, rein in die Weiblichkeit», gackerte ich und stolzierte aus dem Salon wie einer der Pfauen von Ritas Mauer.

Anfangs zuckte ich zusammen, wenn ich mein Spiegelbild in einem Schaufenster sah. Aber ich gewöhnte mich schnell an meinen neuen Look und fand mich super. Auch meine neue Unterwäsche wirkte Wunder. Allein das Wissen um ihre Existenz hob mein Selbstbewusstsein. Mit einem Mal fühlte ich mich eingeweiht in die geheimnisvolle Welt der weiblichen Reize. «Und ich?», beschwerte ich mich augenzwinkernd, wenn Bauarbeiter einem blonden und langhaarigen Girlie hinterherpfiffen und mich übersahen. Ich wollte mein Frauenleben endlich genießen, bevor es zu spät war. Schließlich steuerte ich auf die 50 zu, und das fühlte sich an, als würde ich am Tag meines Geburtstages Schlag Mitternacht tot umfallen.

Lissabons warmherzige und lebendige Lebensmelodie, der süße Schmerz der Saudade und das magische Licht der Sonne weckten in mir etwas nie Gekanntes. Ich hatte mich nie als Romantikerin gesehen. Eher als das Gegenteil, handfest, rational und sachlich. Und nun entdeckte ich auf meinen Erkundungstouren auf einmal Orte, die ich so romantisch fand, dass ich mir schwor, eines Tages dort zu küssen. Wen, das spielte erst einmal keine Rolle, allein das Vorhaben zählte. Meine kissing spots waren Orte, an denen mein Bauch kribbelte und eine feierlich-melancholische Sehnsucht von mir Besitz ergriff. Da war zum Beispiel die Bank vor dem Convento da Encarnação, die kleine Terrasse mit dem riesigen Baum des Restaurant Floresta Santana, der gemütliche Praça das Flores, die mit Bougainvillea bewachsene Treppe an der Travessa do Cotovelo, eine Bank im Jardim do Principe Real unter dem steinalten Wacholderbaum oder die urige Travessa das Fontainhas. Genau genommen war ganz Lissabon für mich ein einziger kissing spot, und das machte es mir nicht gerade einfacher. Die Sehnsucht nach großen Gefühlen und Leidenschaft nagte Schritt und Tritt in meinem Herzen. Fasziniert hatte ich Rita zugehört, als sie mir von der schaurig-schönen Legende von Ines de Castro und Dom Pedro aus dem 14. Jahrhundert erzählt hatte. Dom Pedro, der Sohn des damaligen Königs Afonso IV., verliebte sich in die Zofe seiner Gattin. Erst als seine Frau starb, sah er den Weg frei für eine Verbindung mit Ines. Gegen den Willen seines Vaters lebte das Paar in wilder Ehe und bekam Kinder. Damit diese nicht den Thron beanspruchen könnten, verfügte König Afonso IV., Ines zu ermorden. Als er starb und Dom Pedro endlich König wurde, ließ Pedro seine große Liebe Ines, die bereits fünf Jahre tot war, exhumieren. Während seiner Krönungszeremonie soll er ihren Leichnam mit Juwelen behängt neben sich platziert und seinen Hofstaat gezwungen haben, seiner toten Frau ebenfalls zu huldigen.

Liebe und Leidenschaft über den Tod hinaus, das wünschte ich mir auch für mich. Meine Ehe fühlte sich momentan ganz anders an, und ich wusste nicht, wie ich das ändern sollte. Mir fehlten Zeit, Kraft und Energie für Beziehungsarbeit, und so hatten mein Mann und ich uns seit dem Tod meines Vaters immer mehr auseinandergelebt.

Rita und ich saßen auf den Steinen am Miradorou de Santa Catarina und tranken Rotwein aus Plastikbechern. Der kleine Park mit der Statue des Adamastor, einem Charakter aus Luís de Camões' Epos «Die Lusiaden», bot einen grandiosen Blick über den Tejo und gehörte zu einem meiner Lieblingsplätze. Hier traf sich die ganze Welt. Über dem Platz waberte der Duft von Hasch, Straßenmusiker spielten brasilianische Musik, und ein paar Pärchen tanzten spontan. Der Himmel hatte sich orangerosa verfärbt, und eine milde Brise wehte vom Fluss herauf. «Ich wünschte, ich könnte bleiben», seufzte ich traurig und sog die entspannte Mulitkulti-Atmosphäre in mich auf, um wenigstens ein bisschen davon zu konservieren und mit nach Hause zu nehmen. Rita starrte auf ihr Telefon, kicherte oder schnalzte und schien sich im Gegensatz zu mir prächtig zu amüsieren. «Der wäre doch was für dich», sagte sie auf einmal, hielt mir ihr Handy mit dem Foto eines hübschen Naturburschen inmitten einer Blumenwiese vor die Nase – und einmal mehr wurde mir klar, wie hinterwäldlerisch ich war. Von Tinder hatte ich noch nie etwas gehört. Immerhin lachte Rita mich diesmal nicht aus. Ganz im Gegenteil, meine Unwissenheit adelte mich, schließlich war ich verheiratet. Dennoch lud ich mir die App herunter, und während ich mich neugierig durch die mehr oder weniger hübsche und meistens größenmäßig zu kleine Männerwelt Portugals wischte, fühlte ich mich, als würde ich bereits einen Betrug begehen.

Die Sonne ging unter, und es wurde kühl. Im Gegensatz zu mir hatte Rita für sich ein Tinder-Date klargemacht und brach auf, um sich in Schale zu schmeißen. Ich blieb noch ein bisschen auf den sonnengewärmten Steinen sitzen, schenkte mir Wein nach und wartete darauf, dass die Kirchturmuhr sieben schlug, damit ich zu Abend essen konnte. In zwei Tagen ging es zurück nach Hause, zu matschig braunen Feldern, Gummistiefeln und jeder Menge Sorgen. Noch einmal schick essen gehen, das Besondere genießen und den bevorstehenden Abschied verdrängen, das war mein Plan, und die «Pharmácia» erschien mir der richtige Ort dafür. Das Restaurant in einem alten Palast lag direkt am Miradouro do Santa Catarina und hatte eine riesige Terrasse mit Blick über den Fluss. Für portugiesische Verhältnisse war ich früh, und ich war der einzige Gast. Die Augenpaare von vier Kellnern verfolgten mich, als ich die Freitreppe des Palácio hinaufstieg und mich mit jedem Schritt mickriger fühlte. Eigentlich war ich inzwischen geübt, alleine auszugehen. Auf unbekanntes Terrain wagen und dabei locker bleiben, das war neben «zentrieren» und «auftanken» eines der erklärten Ziele meiner Reise. Aber der Laden war etwas zu edel und meine Selbstsicherheit trotz verlängerter Wimpern und Nagellack fragil. Ein bildschöner Kellner mit einem bezaubernden Lächeln empfing mich und eskortierte mich zu meinem Platz. Seine zufällige Berührung meiner Hand beim Überreichen der Speisekarte, ein etwas zu langer Blick aus sanften braunen Augen, und es war um mich geschehen. Nervös zupfte ich mir die Haare zurecht, spielte mit meinem Handy und kramte in meiner Handtasche nach einem Lippenstift. Prompt stieß ich gegen ein Glas, das klirrend zu Boden fiel und in tausend Stücke zerbrach. Peinlich berührt und knallrot bis zu den Ohren, tauchte ich unter den Tisch und sammelte die größten Scherben ein. Der gertenschlanke Beau sprang an meinen Tisch, legte beruhigend seine Hand auf meinen Rücken und beseitigte das Malheur unauffällig. Dankbar lächelte ich ihm zu und vertiefte mich in die Speisekarte, damit er nicht sah, wie meine Wangen glühten. Im schummerigen Kerzenlicht konnte ich nur erahnen, was auf der Karte stand. Ich kniff meine Augen zusammen und hielt die Karte mit weit gestreckten Armen von mir weg, um wenigstens ein paar der Wörter zu erkennen. Meine Lesebrille befand sich nur 30 Zentimeter entfernt in meiner Handtasche, war für mich aber dennoch unerreichbar. Die Blöße, dass ich eine Lesebrille brauchte, wollte ich mir nicht geben. Der Kellner kam an meinen Tisch, um meine Bestellung aufzunehmen, und ließ im Gehen unauffällig einen Zettel neben meinen Teller fallen. «Let's go for a coffee, beauty! David xxx», las ich überrascht und wurde wieder knallrot. Die Avancen des Kellners überforderten mich. Ich hatte keine Ahnung, wie ich darauf reagieren sollte, daher griff ich zu meinem Handy und schrieb meinem Mann eine SMS: «Ich gehe gerade essen und werde von einem hübschen Kellner bedient. Hilfe, der lädt mich zum Kaffee ein. Was soll ich tun?» Während ich mit klopfendem Herzen auf das Zettelchen starrte, ploppte die Antwort meines Mannes auf dem Display auf. «Mach doch!», schrieb er lapidar … und ich machte.

Zwischen den Fugen des Kopfsteinpflasters klebten die Hinterlassenschaften der Hunde, die in der schmalen Gasse in Santa Catarina keine Chance auf ein Fleckchen Erde hatten. Ich umging die Tretminen und sprang über ein paar überquellende Mülltüten bis zur Haustür. Die bleichende Kraft der Sonne hatte ihren grünen Anstrich in ein rissiges und blasses Hellgrün verwandelt. Der Putz bröckelte von der schmucklosen Fassade. Unter den Fenstern im ersten Stock flatterten ein paar Slips und Socken wie bunte Wimpel in der Sonne. Die Wäscheleinen vor den Lissabonner Häusern halfen mir bisweilen bei der Orientierung. «Das war die Straße mit dem lila Spitzen-BH» oder «Die Kirche lag am Ende der Gasse mit dem Tiger-Pyjama» – das merkte ich mir eher als die portugiesischen Straßennamen. Die Rua do Sol a Santa Catarina allerdings brauchte kein Kleidungsstück, damit sie mir in Erinnerung blieb; diese Adresse hatte sich mir aus anderen Gründen ins Gedächtnis gebrannt.

An der Hauswand hing ein aus der Verankerung gerissenes Klingelbrett mit Ziffern. Vor dem gegenüberliegenden Haus unterhielten sich zwei ältere Portugiesinnen. Eine lehnte auf einem Plüschkissen aus einem Fenster im Erdgeschoss, die andere stand im Morgenmantel mit einem Besen in der Hand auf der Straße davor und rauchte. «Bom dia, tudo bem?», grüßte ich und versuchte, so zu tun, als wäre ich Portugiesin. Sie erwiderten meinen Gruß, grinsten mir zahnlos zu und flüsterten miteinander. Ich war mir sicher, sie tuschelten über mich. Wahrscheinlich war ich nicht die erste Nordeuropäerin, die vor dieser Haustür stand. Auf einmal fühlte ich mich jämmerlich. Welcher Teufel hatte mich geritten, dass ich den Avancen eines kapverdischen Kellners auf den Leim ging? Das konnte zu einer der Geschichten werden, die man ab und an kopfschüttelnd im Fernsehen verfolgte: Frau in den besten Jahren auf der Suche nach «mehr» verliebt sich in rassigen Ausländer und steht am Ende pleite und mit gebrochenem Herzen da. «Ach was, alles unter Kontrolle», schob ich meine destruktiven Gedanken beiseite und murmelte mein Mantra.

«Brechen Sie Tabus. Es wird Ihnen neue Horizonte eröffnen», hatte in dem Horoskop gestanden, das Rita und ich ein paar Tage zuvor beim Kaffeetrinken auf unseren Zuckertütchen entdeckt hatten. Es war zwar nicht die Prognose für mein Sternzeichen, dennoch entschied ich, dass diese aufregende Aufforderung auch für mich Geltung haben sollte. «Tabuuuus!,» flüsterte ich seitdem, wenn meine Gedanken oder mein Handeln mit meinem Gewissen kollidierten und ich nicht wusste, wer recht hatte.

Mit dem Blick der Senhoras im Nacken klingelte ich irgendwo. Der Summer ertönte. Ich drückte gegen die Haustür. Ein schwacher Lichtstrahl fiel durch ein staubiges und mehrfach gesprungenes Fenster in den handtuchgroßen Hausflur. Meine Hände tasteten vergeblich über den feuchten Putz nach einem Lichtschalter. Ich fischte mein Handy aus der Tasche und stieg im Lichtkegel meiner letzten drei Prozent Batterieladung die steile Treppe hinauf. Im zweiten Stock war der Akku leer. Als sich meine Augen an die Dunkelheit gewöhnt hatten, entdeckte ich eine angelehnte Tür. «Hello?», rief ich in den Flur, und mein Herz explodierte wie ein Chinaböller. In einem der Zimmer, die vom Flur abgingen, bewegte sich etwas. Die Tür ging auf, und dann stand er vor mir. «Hey, how are you?» David lächelte, und seine weißen Zähne blitzten. Mit dem Überschreiten der Schwelle verwandelte ich mich wie ein Alien in einem Science-Fiction-Film von einer knapp fünfzigjährigen Ehe- zu einer zehn Jahre jüngere Singlefrau. Die Wandlung fiel mir nicht schwer, ganz im Gegenteil – sie passte zu meiner Sehnsucht nach großen Gefühlen und fühlte sich für mich stimmig an. David beugte sich zu mir hinab und hauchte mir links und rechts ein «Beijinho» auf die Wange. «Tabuuus!» Ich stellte mich auf die Zehenspitzen und drückte ihm einen Kuss mitten auf seine vollen Lippen.

David schlief noch. Leise suchte ich meine Klamotten zusammen, schlich ins Bad und zog mich an. Dann verließ ich seine Wohnung und lief durch die langsam erwachende Stadt Richtung Alfama. Ich war todmüde und gleichzeitig hellwach. Die Bewegung und die Morgenluft taten mir gut. Außer den Müllmännern, die die Straßen von den Spuren der Nacht reinigten, war um diese Zeit kaum jemand unterwegs. Eine halbe Stunde später schloss ich die Tür zu Ritas Wohnung auf. Sie schien nicht lange vor mir nach Hause gekommen zu sein und lümmelte angezogen auf dem Sofa. Ihre Wimperntusche war verschmiert, und sie spielte mit ihrem Smartphone. Ihre Mundwinkel verzogen sich zu einem breiten Grinsen, als sie mich sah. «Honey, I want to know eeeeverything», bohrte sie ohne Umschweife und kochte uns einen Kaffee. Pflichtgemäß lieferte ich ihr einen detailreichen Bericht der vergangenen Nacht, nicht ohne hier und da ein wenig zu übertreiben. Rita hing mir an den Lippen, und entgegen ihrer normalen Gewohnheit unterbrach sie mich diesmal kaum. Dann schlüpfte jede von uns in ihr Bett, um wenigstens ein bisschen Schlaf zu bekommen.

 Am frühen Abend packte ich meine Sachen. Meine letzten beiden Tage wollte ich mit David in seiner Wohngemeinschaft verbringen. Rita fuhr mich in ihrem zerbeulten Fiat in die Rua do Sol a Santa Catarina. Die zwei alten Frauen standen wie am Tag zuvor mit Besen und Kittelschürze vor ihrem Haus und tratschten. Sie grüßten, als gehöre ich bereits zur Nachbarschaft, und ich liebte sie dafür. Rita und ich fielen uns heulend und lachend in die Arme. Ich versicherte ihr, sie per WhatsApp in Echtzeit auf dem Laufenden zu halten, dann fuhr sie ab. Während sie die schmale Gasse hinunterrollte und mir winkte, riss sie mit ihrer Antenne einen Büstenhalter von einer niedrig hängenden Wäscheleine, der wie die Quintessenz unserer gemeinsamen Zeit hinter ihr herflatterte. Dankbar blickte ich ihr nach, bis ihr Auto um die Ecke verschwand. Dann nahm ich mein Gepäck und verschwand im dunklen Hausflur.

Müde ließ mich auf meinen Platz fallen; das Flugzeug startete und hob ab. Die aufgehende Sonne taucht die Dächer Lissabons in ein goldenes Licht. Voller Sehnsucht betrachtete ich die kleiner werdenden Häuser, die im Morgendunst verschwammen, und wünschte, ich wäre noch dort unten. Als das Flugzeug durch die Wolken stieß und die Stadt nicht mehr zu sehen war, zog ich meine Kladde aus dem Rucksack und schrieb: «Bye bye, Lissabon, du junge und alte, schöne und hässliche, ruhige und wilde, du ganz und gar wunderbare Stadt, was hast du nur mit mir gemacht? Was mache ich für einen Blödsinn? Ein 26-Jähriger! Oh Gott, wie schrecklich und wie schön. Was soll ich nur tun? Beichten oder schweigen?»

Risse im Paradies

Lieber Papa, ich bin im Umbruch. Die Welt ist im Umbruch. Überall herrschen Unsicherheit und Sorge. Seit du tot bist, ist für mich alles fraglich geworden, was vorher Gültigkeit hatte. Wie der Untergang der «guten alten Zeit». Ich fühle mich, als wäre ich mit deinem Tod aus der Naivität der Jugend gekickt. Mein Paradies hat Risse bekommen. Momentan bin ich nur damit beschäftigt, die Risse zu stopfen, aber weiß noch nicht, woraus die Mauern meines künftigen Lebens bestehen sollen. Die Nadel meines inneren Kompasses zappelt in alle Richtungen. Von Orientierung keine Spur.

Meine Finger färbten sich lilablau und wurden steif beim Schreiben. Im Zimmer war es nicht viel wärmer als draußen. Ich legte meine Kladde auf meinen Nachttisch und lief auf Zehenspitzen über den eiskalten Holzboden, um das Gaubenfenster zu schließen. Das Wetter sah genauso mies aus, wie ich mich fühlte. Die Wolken bildeten eine undurchdringliche Masse, eine graue Betonmauer, die jeden Sonnenstrahl schluckte. Seit ich aus Lissabon zurück war, blätterte mein Nagellack ab, und mit ihm meine portugiesische Leichtigkeit und mein neues Körpergefühl. Meine sexy Unterwäsche und die anderen Klamotten, die ich mitgebracht hatte, lagen zerknüllt im hintersten Winkel meines Kleiderschrankes. Wie lästig gewordene Souvenirs, die den Urlaub in der Heimat verlängern sollten, aber auf einmal ihren Charme verloren. Ich hatte sie seit meiner Rückkehr nicht mehr getragen. Es gab keinen Anlass und keinen Rahmen dafür. Mein Mann war selten da, blieb immer häufiger in Hamburg. Kurz nach meiner Rückkehr aus Lissabon hatte ich ihm mein Abenteuer gebeichtet. Er blieb gelassen. Ein 26-Jähriger konnte keine ernsthafte Konkurrenz sein, und außerdem wollte er meinem Glück und großen Gefühlen nicht im Wege stehen. Erleichtert, aber auch irritiert nahm ich seine Absolution zur Kenntnis. Ich hatte eine Szene und Diskussionen erwartet und einen Freibrief bekommen. Im Getrenntsein waren wir perfekt, am Miteinander haperte es. Zwischen uns herrschte eine fragile und oberflächliche Freundlichkeit. Die Themen saßen zu tief, um sie in der kurzen Zeit seiner Anwesenheit auf den Tisch zu bringen, und ich hatte auch keine Kraft dazu. Anstelle milder Temperaturen und Sonnenschein wehte draußen ein eisiger Wind, und dunkle Wolken drückten nicht nur auf die Felder, sondern auch auf mein Gemüt. Fröhliche Geselligkeit wich zermürbender Einsamkeit, und ich fühlte mich abgeschnitten und vergessen von der Welt. Das Leben fand woanders statt, und ich konnte nicht daran teilhaben. Das Gefühl kannte ich von früher, wenn ich als Einzige nach der Schule in den Bus stieg, um aus der Stadt in unser Dorf zurückzufahren, während sich meine Freundinnen nachmittags trafen und das taten, was Teenager halt so machten. Damals fühlte ich mich, als würde ich an einer Bushaltestelle, an der niemals ein Bus hielt, vergeblich auf den Lift ins Leben warten. Wozu sollte ich mich also aufbrezeln? «Trag es für dich selber», hatte mir meine Freundin geraten, aber ich konnte ihrem Tipp nichts abgewinnen. Ohne Augen, die wertschätzten, was sie sahen, fand ich das lächerlich. Stattdessen bestellte ich beim Outdoor-Ausrüster Globetrotter lange Unterwäsche aus Merinowolle. Das Frühjahr wollte einfach nicht milder werden, aber vielleicht war ich auch wärmebedürftiger als sonst.

Ich kroch zurück ins Bett und wünschte, dieser Tag wäre schon vorüber. «Liebe Omi, ich fühle mich jämmerlich. Verzeih mir diesen Schritt. Ich weiß nicht, was richtig und was falsch ist, aber ich sehe keine Alternative», betete ich zum ersten Mal nach Jahrzehnten und hoffte, dass es etwas nützte. In zwei Stunden hatte ich einen Termin beim Notar, um mit meiner Unterschrift den Verkauf meines Elternhauses zu besiegeln. Ich fühlte mich wie eine Verräterin am Lebenswerk meiner Großeltern. Meine Geschwister hatten entweder nicht die Mittel oder kein Interesse an dem Haus. Der Reparaturstau war so groß, dass sich eine Vermietung nicht lohnte. Und ich wollte nur mein Leben zurück, das mir seit dem Tod meines Vaters irgendwie entglitten war. Es war schon der zweite Termin. Einen hatte ich kurz vorher platzenlassen, nachdem ich mich tagelang gefühlt hatte, als würden die albtraumhaften Höllenwesen eines Hieronymus-Bosch-Gemäldes mein Inneres zerfleischen. Zusätzlich waren es die Verbalattacken meines Bruders, die mir so unter die Haut krochen und mir Angst machten. Er verübelte mir den Verkauf des Hauses, und ich verstand ihn sogar. In der Hoffnung, den Frieden zu wahren, vereinbarte ich Termine im Familienzentrum der Diakonie, aber der Riss, der zwischen uns verlief, war tief wie der Grand Canyon und jahrzehntealt. Nachdem er mehrmals zu spät zu den angesetzten Terminen erschien und dann überwiegend über Autos sprach, musste ich akzeptieren, was ich eigentlich schon wusste: Es war ein Ding der Unmöglichkeit, Eifersucht und Neid, die ihre Wurzeln in der Kindheit hatten, im Nachhinein zu kitten. Vor allem, wenn nur ich Interesse daran hatte.

Heute gab es kein Zurück. Diesmal hatte ich meinen Onkel gebeten, mich zu begleiten und mir den Rücken zu stärken. Widerwillig verließ ich mein Bett. Die Zeit drängte. Während ich zwischen Bad und Schlafzimmer hin- und herpendelte, wuchs ein Sturm aus Angst, Selbstmitleid und Groll auf meinen Vater in meiner Brust. Genau diese Situation hatte ich vermeiden wollen. Meine Kiefer schmerzten vom Druck meiner zusammengebissenen Zähne, meine Ohren rauschten, und ein schrilles Pfeifen bohrte sich in meinen Kopf. Verzweifelt versuchte ich, das innere Getöse zu unterdrücken, aber dadurch wurde der Druck noch schlimmer. Ich trat mit meinem Handspiegel vor das Badezimmerfenster, um mich im Tageslicht zu schminken, doch der Spiegel entglitt mir, krachte auf den Boden und zerbrach. Fluchend sammelte ich die Scherben ein und schnitt mich dabei in den Finger. Während ich das Blut ableckte, ging ich zurück ins Zimmer und zog mich an. Mein Blick fiel auf eines der großen Kissen, die ich mir beim Lesen immer in den Rücken stopfte. Ohne zu wissen, wie mir geschah, schlug ich auf einmal voller Wut auf das Kissen ein. Ich versuchte zu brüllen, brachte jedoch nur ein Krächzen hervor. Für Schreien war ich zu kontrolliert. Auf einmal stellte ich mir vor, das Kissen wäre mein Vater. Das half. Meine Fäuste trommelten darauf, und dann schrie ich meine aufgestaute Wut heraus. Der Druck wich. Erschöpft und überrascht über meinen Ausbruch, fiel ich auf das Bett und schnappte nach Luft. Nach ein paar Minuten Verschnaufpause rappelte ich mich hoch, zog mich weiter an und verließ das Haus, um meinen Onkel zu treffen. Mehrmals musste er mir versichern, dass meine Großmutter und meine Eltern genauso entschieden hätten, dann erst betraten wir die Kanzlei.

Der Notar, ein arroganter Typ, der es mir verübelte, meinetwegen zweimal behelligt zu werden, erleichterte mir die Prozedur. In knapp zehn Minuten erledigte ich, was zu erledigen war. Das war's. Das Haus meiner Großeltern, mein Elternhaus gehörte uns nicht mehr. Der Preis, den ich für meine Entscheidung zahlte, war hoch. Ab jetzt ging ein Riss durch unsere Familie. Mein Bruder sprach nicht mehr mit mir und schickte kryptische Mails mit Beschimpfungen, die mir Angst machten. Für den Rest des Tages zog ich mich in meinen Bauwagen zurück und schrieb mir meinen Frust von der Seele:

Hallo, Papa, seit über einem Jahr fühle ich mich aufgerieben von dem, was du mir hinterlassen hast. Wie ein Satellit, der um einen Planeten kreist, der aus Sorgen, Ärger und Stress besteht. Ich bin nicht freiwillig hier und komme aus dieser Umlaufbahn nicht heraus. Das zehrt, und ich fühle mich allein, hilflos und erschöpft. Das Gefühl sitzt im Kopf, in der Brust, im ganzen Körper. Wie lange reicht meine Energie noch? Ich wünsche mir, dass in dieser Krise eine Chance liegt und dass ich sie erkenne, damit ich im Rückblick sagen kann: Das war alles gut und zu etwas nütze.

Zwei Tage später saß ich auf dem Sofa im Wohnzimmer meines Elternhauses und sortierte die alten Damast-Tischdecken meiner Mutter. Das Haus musste geräumt werden, damit es zum vereinbarten Termin an die neuen Besitzer übergeben werden konnte. Vergeblich hatte ich versucht, die Sachen in gute Hände zu verschenken, die sie über Jahre gesammelt und die ihr viel bedeutet hatten, aber die Zeiten von gebügelter und gestärkter Tischwäsche waren einfach vorbei. Lediglich die Handarbeitsgruppe der Landfrauen erklärte sich bereit, mir ein paar der Exemplare abzunehmen, um daraus Patchworkdecken zu nähen. Die Vorstellung, dass die antiken Decken zerschnitten würden, blendete ich aus. Während ich die Schätze meiner Mutter sichtete, stiegen Bilder festlich gedeckter Weihnachtstafeln, liebevoll geschmückter Geburtstagstische und anderer Familienfeierlichkeiten in mir auf. Zu diesen Gelegenheiten kam das «Nur für gut»-Porzellan aus dem Schrank und manchmal sogar das Silberbesteck mit dem Monogramm meiner Mutter. Ich strich über den glänzend weißen Stoff auf meinem Schoß und erinnerte mich an längst vergangene Familienfeste, als ein Motorengeräusch mich aufhorchen ließ. Ich ging in die Küche und spähte durch den Vorhang des Küchenfensters; auf der Auffahrt stand der LKW der Entrümpelungsfirma, die ich mit der Räumung des Hauses beauftragt hatte. Vier bullige Männer stiegen aus dem Laster, taxierten das Haus, gingen in die Garage, verschwanden im Garten und tauchten auf der anderen Seite des Grundstückes wieder auf. Ich ärgerte mich, dass sie auf eigene Faust das Grundstück inspizierten, also verließ ich meinen Posten und fing sie ab. Der Chef der Truppe machte nicht viele Worte, winkte seine Männer heran, und dann trampelten sie einer Herde Elefanten gleich an mir vorbei ins Haus und machten sich an die Arbeit. Ihre Kommentare und die Art, wie sie die Sachen behandelten, nervten mich. Erdklumpen fielen aus den groben Sohlen ihrer Arbeitsschuhe und verteilten sich überall. Kurz überlegte ich, mich zu beschweren. Ich wünschte mir, dass sie das Mobiliar mit Respekt und Vorsicht behandelten, auch wenn es am Ende des Tages auf dem Sperrmüll landete, aber sie waren schließlich keine Psychologen, die ich dafür bezahlte, mich mit Einfühlungsvermögen und Verständnis beim «Loslassen» zu begleiten. Für die Männer war es ein Job von vielen, der erledigt werden musste, und zwar schnell. Woher sollten sie wissen, dass ich die Sachen meiner Eltern loswerden, aber gleichzeitig auch behalten wollte und bei jedem Stück, das sie hinaustrugen, den Impuls verspürte, es zurückzuholen. Abgesehen davon konnte ich froh sein, dass sie meinen Auftrag überhaupt so zügig angenommen hatten. Also biss ich mir auf die Zunge und beobachtete, wie sie die Möbelstücke, die mir seit meiner Kindheit vertraut waren, aus dem Haus beförderten. Nach einer Weile hatte ich mich an das, was da passierte, gewöhnt und fühlte mich auf einmal leichter, je leerer das Haus wurde. Ich ließ die Männer ihre Arbeit machen und ging zurück ins Wohnzimmer, um weiter die Tischwäsche meine Mutter auszusortieren. Eine Damastdecke nach der anderen wanderte auf den Stapel, den ich unbedingt behalten wollte. Aus dem Ghettoblaster der Möbelpacker, den sie im Flur aufgestellt hatten, dudelte Musik. Ich lauschte. «Eines Tages fällt dir auf, dass du 99 Prozent nicht brauchst», sang die Sängerin von Silbermond. Das Lied kam genau zur richtigen Zeit. Ich fischte mir aus dem Haufen, den ich behalten wollte, eine Decke heraus, mit der ich die meisten Erinnerungen verband. Der Rest wanderte zurück auf den Stapel für die Landfrauen.

Drei Tage brauchten die Männer der Entrümpelungsfirma, um Haus und Grundstück zu räumen. Während ich ihnen half, den Besitz meiner Eltern aus dem Haus zu schleppen, ahnte ich nicht, dass ich kurze Zeit später das Gleiche mit meinem eigenen Haus tun würde.

Die letzten Tage

Es dämmerte bereits, als der Paketbote auf den Hof fuhr und an der Tür klingelte. Kurz zuvor hatte ich das letzte Versandetikett auf eines der Päckchen geklebt und auf dem vollgepackten Rollwagen im Flur abgelegt. Diesmal hatte ich den Wettlauf gegen die Zeit für mich entschieden und alles rechtzeitig fertig bekommen. Das gelang mir selten in letzter Zeit. Immer häufiger trudelten Mails von Kunden bei mir ein, die sich nach ihrer Lieferung erkundigten oder sich über eine falsch gepackte Bestellung beschwerten. Sobald ein Feuer gelöscht war, tauchte ein neues Brandnest auf, dabei schienen sich die Dinge zum Guten zu wenden. Meine Mutter hatte sich im Heim eingelebt, die Abwicklung des Nachlasses schritt voran, und auch für den Vierbeiner meines Vaters hatte ich endlich ein neues Zuhause gefunden. Alles schien unter Kontrolle, außer meinem eigenen Leben. Ich litt weiterhin an Schlafstörungen, fühlte mich ausgelaugt, oder mein Herz fing urplötzlich an zu rasen. Wenn ich zweimal in der Woche mit meiner Mutter im Garten des Heimes spazieren ging oder mit ihr beim Musiknachmittag das Tanzbein schwang, fühlte es sich an wie Urlaub. Manchmal wünschte ich mir, mit ihr tauschen zu können. Sich um nichts kümmern zu müssen, einfach nur zu «sein» und den Moment zu genießen, das erschien mir verlockend und kam in meinem Alltag nicht vor.

Die Rücklichter des Packwagens verschwanden hinter der Biegung, und ich ging zum Tor, um es zu schließen. Im Unterholz des Wäldchens auf der anderen Straßenseite knackte etwas. Ängstlich zuckte ich zusammen, und meine Phantasie verselbständigte sich. Ich stellte mir Wölfe vor, die auf der Suche nach Beute durch den Wald streiften und mir an die Gurgel wollten. Ihre leuchtenden Augen blitzten zwischen den Stämmen hervor und warteten auf den passenden Moment zum Angriff. Eilig schloss ich das Tor, rannte, so schnell ich konnte, zum Haus zurück und rettete mich in den sicheren Flur. Eigentlich hatte ich mich schon lange an die Einsamkeit gewöhnt und vergaß manchmal sogar, nachts abzuschließen. Seit einiger Zeit reichte jedoch ein kleines Geräusch, das ich nicht zuordnen konnte, und ich bekam Angst. Die Einsamkeit, die ich einst so geschätzt hatte, bedrückte mich nun, und je öfter ich alleine war, desto anfälliger wurde ich für Hirngespinste.

Während ich die Spuren meines Verpackungsmarathons in meinem Büro beseitigte, dudelte meine Playlist «Glück und gute Laune». Die Songs erinnerten mich an Lissabon und katapultierten mich in Ritas Wohnung und zu David. Ich setzte mich an unseren Esstisch im Wohnzimmer und sortierte meine Gedanken: *Lieber Papa, seit ich aus Lissabon zurück bin, denke ich die wildesten Gedanken. Neustart, Pilgertour, irgendeine dicke Herausforderung wie der Pacific Crest Trail oder ein längerer Auslandsaufenthalt. Es ist jammerschade, dass ich während des Studiums nie im Ausland war. Bald werde ich 50, und das fühlt sich so an, als wäre dann alles vorbei. Wer weiß, ob ich es auf dem Sterbebett bedauern werde, diesen Traum niemals realisiert zu haben. Komfortzone, Vertrautheit, Heimathafen versus Abenteuer, Unsicherheit, Neustart. Was reizt mich mehr?*

«Du spinnst doch», schimpfte ich in die Stille und las kopfschüttelnd, was ich gerade geschrieben hatte. «Du lebst deinen

Traum, und das reicht dir nicht?» Meine Honigmanufaktur lief, ich hatte Pläne und träumte davon, ein Flügelchen-Café zu eröffnen. Ich hatte alles, was ich wollte, und noch viel mehr. Manchmal bereute ich meine Reise nach Lissabon und wünschte, ich wäre nie weg gewesen. Mein Biss in den Apfel hatte mir das Paradies eröffnet, und ich war noch lange nicht satt.

«Du bist ja wie die Ilsebil aus dem Märchen vom Fischer und seiner Frau», tadelte ich mich und registrierte besorgt, dass ich mal wieder ein Selbstgespräch führte. Ich schenkte mir ein Glas Wein ein und setzte mich vor die Glotze, um mich auf andere Gedanken zu bringen. Während ich der Partnersuche von Jungbauer Franz aus «Bauer sucht Frau» zuschaute und mich im Spaß fragte, ob der Schweinebauer und sein Hof im Allgäu vielleicht eine Alternative für mich wären, leuchtete auf einmal das Licht eines Autoscheinwerfers durchs Wohnzimmerfenster. Ich versteckte mich hinter dem Vorhang, spähte nach draußen und erkannte die Umrisse unseres Autos. Mein Mann stieg aus, nahm seinen kleinen Koffer aus dem Kofferraum und ging zum Haus. Froh über seine überraschende Rückkehr, lief ich in den Flur und empfing ihn, aber er wirkte reserviert und anders als sonst. Zwischen seinen Augen saß eine tiefe Sorgenfalte.

«Was ist los? Sitzt dir ein Pups quer?» Ich versuchte, lustig zu sein, aber er ging nicht wie sonst darauf ein. Meine Euphorie über seine unvermutete Rückkehr verpuffte. Beklommen beobachtete ich, wie er Hut und Jacke ablegte und sich dann mit ernstem Gesicht zu mir umdrehte.

«Ich muss mit dir reden», sagte er, nahm meine Hand und zog mich ins Wohnzimmer zum Sofa. «Setz dich.» Er zog den Fußhocker näher, setzte sich mir gegenüber, schwieg und knetete seine Hände.

«Ich zieh aus. So schnell wie möglich», hörte ich ihn sagen, ohne die Bedeutung seiner Worte zu begreifen. Der Ofen hatte das Wohnzimmer in eine Sauna verwandelt, dennoch fingen meine Zähne an zu klappern, und ich fror am ganzen Körper. Ich wickelte mich in eine Wolldecke, starrte in die züngelnden Flammen des Kaminofens und schwieg. In meinem Kopf herrschte Leere. Seine Nachricht war auf dem Weg vom Sender zum Empfänger irgendwo in der Luft hängen geblieben und hatte mich nicht wirklich erreicht. Die Minuten zogen sich in die Länge. Auf dem Bildschirm lächelte Bauer Franz seine Sabrina an und gratulierte ihr zur erfolgreich absolvierten Hofwoche. An der Terrassentür tauchte mein Kater Pauli auf und klopfte mit seiner Pfote gegen die Scheibe. Erleichtert über die Ablenkung, stand ich auf und ließ ihn rein. Während Pauli schnurrend ins Zimmer tapste, seinen Kopf gegen meine Hand stupste und sich an meinen Beinen rieb, löste ich mich aus meiner Starre. «Und was soll aus all dem hier werden?», fragte ich und beobachtete meinen Kater, wie er sich auf dem Sofa zusammenrollte. Während ich mich über ihn beugte und kraulte, hörte ich, dass mein Mann das Zimmer verließ, die Treppe hinaufging und in seinem Büro verschwand.

Drei Monate später war es so weit. Der Vollmond stand hoch über dem Grundstück und tauchte die verschneiten Wiesen in bläuliches Licht. Die kahlen Bäume wirkten wie Scherenschnitte und warfen bizarre Schatten auf die unberührte Schneedecke. Erschöpft schleppte ich den letzten Karton aus dem Haus und verstaute ihn im Auto. Wie immer ruckelte ich zur Sicherheit am Türgriff, um zu prüfen, ob die Haustür auch wirklich verschlossen war. Ich zog die Schlüssel ab, aber anstatt sie in den Briefkasten zu werfen, wie es mit den Nachmietern verabredet war, behielt ich sie in der Hand. Wehmut, Angst und Wut jagten im Millisekunden-Rhythmus durch meine Adern. Ich gab mir einen Ruck, öffnete den Deckel des Briefkastens, schloss die Klappe aber sofort wieder, weil ich es nicht fertigbrachte, und klammerte mich an das Schlüsselbund wie eine Schiffbrüchige an ein Stück Treibholz. Erst jetzt realisierte ich, was ich wochenlang verdrängt hatte: Der Moment des Abschieds von unserem gemeinsamen Leben, auf den mein Mann und ich seit dem Tod meines Vaters zugesteuert waren, war gekommen. Ausgerechnet an meinem Geburtstag musste ich meine letzten Sachen aus dem Haus holen und in mein Lager bringen. Vorsichtig schlitterte ich auf dem vereisten Plattenweg zur Rückseite des Hauses und legte meine Hände auf den Stamm einer der jahrhundertealten Eichen, die wie graue Eminenzen am Feldrand standen. Das hatte ich vorher nie gemacht, aber nun schienen sie nach mir zu rufen. Ich schloss die Augen und hoffte, dass ihre Kraft, Weisheit und Standhaftigkeit auf mich übergehen könnten. Nötig hatte ich es, daran bestand kein Zweifel. «Tschüs, ihr Lieben. Passt auf euch auf», flüsterte ich, küsste den kalten und furchigen Stamm und bildete mir ein, dass irgendeine Art von Energie durch meine Hände floss. Meine Schritte knirschten auf dem gefrorenen Gras, als ich im Mondschein weiter zum Carport lief. In einer Ecke sah ich die Abdrücke, die mein Verkaufstresen in die Kiesel gedrückt hatte, ansonsten erinnerte nichts mehr daran, dass hier das Herz meiner Honigmanufaktur geschlagen hatte. Ich versuchte, mir den Ort einzuprägen, der bis vor kurzem mein Hofladen gewesen war. Hier hatte ich meine Bienen-Seminare gegeben, die so erfolgreich gewesen waren, dass sie ein Jahr im Voraus ausgebucht waren und Busunternehmen mein Angebot mit in ihr Programm aufgenommen hatten. Dort, wo sich Paulis Katzenklappe zum angrenzenden Schuppen befand, leuchtete das frische Holz der Bretter, mit denen wir seinen Einschlupf vernagelt hatten. Er lebte jetzt bei einer alten Dame, und ich plante, ihn zu holen, sobald ich wusste, wie es mit mir weiterging. Ich schluckte den Kloß im Hals herunter. Pauli wegzugeben, wenn auch nur vorübergehend, wog für mich fast schwerer als all die anderen Entscheidungen, die ich in der letzten Zeit hatte treffen müssen. Er war mein Gefährte, der ein Lächeln auf mein Gesicht zauberte, sobald ich ihn nur von ferne erblickte. Der spürte, wie es mir ging und auf meinen Schoß sprang, wenn ich traurig war, oder mich wie ein Hund auf Spaziergängen begleitete. Einmal sogar bis zum Meer, wo er erst fasziniert die heranrollenden Wellen beobachtet hatte und sich dann sicherheitshalber auf meinen Arm verkroch, weil ihm das alles etwas unheimlich war.

Zögerlich verließ ich den Carport und ging auf die Auffahrt. Kein Wölkchen trübte den winterlichen Sternenhimmel. Über mir prangte der «Große Wagen», eines der wenigen Sternbilder, das ich kannte. Alles wirkte so friedlich und normal. Die Welt drehte sich weiter, auch wenn meine erst einmal unterging.

Ich gab mir einen Ruck, ging zum Haus zurück und warf die Haustürschlüssel in den Briefkasten, wo sie scheppernd landeten. Hastig stieg ich ins Auto, rollte langsam die Ausfahrt hinab und hielt außerhalb des Grundstücks, um das Tor zu verschließen. Beim Einsteigen warf ich ein letztes Mal einen Blick auf all das, was die letzten zehn Jahre meine Heimat gewesen war, dann gab ich Gas.

Langsam fuhr ich in die Parklücke, um herauszufinden, ob mein Auto wirklich hineinpasste. In dieser Straße konnte man von Glück reden, wenn man auf Anhieb eine fand, daher musste ich es versuchen. Umzugskartons, Taschen und Tüten, die Reste meines Lebens, stapelten sich im Kofferraum und versperrten mir die Sicht nach hinten. Ich legte den Rückwärtsgang ein, fuhr nach Gehör und stand endlich. Der Radiosprecher kündigte für die

Nacht Frost und Neuschnee an. «Na prima, das kann ja gemütlich werden, ausgerechnet jetzt», dachte ich besorgt und verschloss vorsorglich den Reißverschluss meiner Daunenjacke. Mein Lager hatte keine Heizung, und die ebenerdigen Räume kühlten schnell aus. Ich zog den Zündschlüssel ab, schlang Schal und Mütze tiefer ins Gesicht und stieg aus. Mein ehemaliger Balkon im dritten Stock des Jugendstilhauses war kahl und unordentlich. Ein paar Blumenkästen hingen schief am Gitter, und einzelne verwelkte Stängel der alten Bepflanzung ragten in die kalte Novemberluft. Durch die Gardinen der Balkontür schimmerte ein mattgelbes Licht. Es sah einladend aus. In dieser Wohnung hatte ich als Studentin gewohnt. Damals hatte ich davon geträumt, eines Tages auf die bessere Seite der vierspurigen Straße, die das Viertel wie eine Grenze durchschnitt, zu ziehen. Als ich meinen Mann kennenlernte, hatte ich es geschafft.

Meine ehemalige Wohnung war längst vermietet. Immerhin war mir ein Lagerraum geblieben, den ich dank des freundlichen Vermieters über die Jahre hinweg hatte behalten können. Das Haus hatte die gleiche Farbe wie zu meiner Studienzeit, allerdings blätterte sie jetzt an vielen Stellen ab. Im Erdgeschoss war noch immer ein Friseurgeschäft. Jetzt stand «HaarMoni» auf dem Schild an der Tür. Der Name passte in die Sammlung von skurrilen Friseurnamen, über die mein Mann und ich im Laufe der Jahre immer wieder gelacht hatten. Ich stellte Kisten und Taschen auf dem breiten Bürgersteig ab und lief ein paarmal hin und her, bis alles vor meinem Lagerraum stand. Nur wenige Menschen waren unterwegs; das konnte mir nur recht sein. Auf neugierige Blicke von Hausbewohnern, die sich womöglich wunderten, wenn ich hinter der Tür zur ehemaligen Schusterwerkstatt verschwand und nicht wieder herauskam, konnte ich gut verzichten.

Nachdem ich alles reingetragen hatte, ging ich noch einmal

zum Auto und holte meine Ikeatasche mit den wichtigsten Dingen für die Nacht. Mein Kissen, mein Teddy namens Paul und meine Lieblingsdecke sollten mir wenigstens ein bisschen Vertrautheit vermitteln. Die Luft in meinem Lager roch staubig. Es gab kein Licht. Seit Monaten war der Strom abgestellt, aber das hatte mich nicht gestört. Bisher hatte es keinen Grund gegeben, hier zu schlafen, und im Winter schon gar nicht. Die beiden Räume, die in alten Zeiten mal bewohnt gewesen waren, taugten nur noch als Abstellraum. Es gab weder Warmwasser noch eine Heizung, lediglich ein altes Ofenrohr ragte hohl und schwarz aus der Wand und erinnerte daran, dass hier mal gelebt und gearbeitet wurde. Ab und an hatte ich darüber nachgedacht, wieder einen Ofen einbauen zu lassen, die Idee aber nie realisiert. Wozu auch? Meine alten Möbel brauchten es nicht warm und gemütlich, und ich hatte mir nie vorgestellt, dass ich mich eines Tages darüber freuen könnte. Ich schaltete meine Campingstirnlampe ein und zog sie mir über den Kopf. Mit weißen Tüchern abgehängte Möbel aus meiner alten Studentenbude und dem Haus meiner Eltern tauchten wie Gespenster im Lichtkegel auf. Ich klebte das Bettlaken, das als Gardine vor dem Fenster hing, an den Seiten mit Gaffa-Tape fest. Niemand durfte mich von außen sehen. Wenn jemand dem Vermieter mitteilte, dass ich hier schlief, konnte er mir fristlos kündigen, und das durfte ich nicht riskieren. So günstig kam ich nie wieder an ein Lager in Hamburg, und gerade jetzt war ich darauf angewiesen. Aber es war kein Wohnraum, auch wenn ich ab und an auf einer Matratze hier geschlafen hatte, wenn ich an einem Stadt-Wochenende mit Freundinnen nicht aufs Land zurückwollte. Sollte das jetzt meine Zukunft sein? Mich wie ein blinder Passagier abends in meinen Lagerraum schleichen und morgens wieder raus? Waschen irgendwo in der Badeanstalt? Was für ein Albtraum. Ich räumte einen schmalen Gang frei und baute neben dem Turm aus Kartons, die ich in den letzten Tagen bereits hierhergebracht hatte, einen weiteren Turm auf. Müde ließ ich mich in Jacke und Mütze auf den einzigen Stuhl fallen, der noch benutzbar war, und entzündete eine Kerze. Der Schein der Flamme brachte das schwarz, gelb und rosa gemusterte Mosaik des 50er-Jahre-Zimmerspringbrunnens, den meine Schwester auf dem Sperrmüll gefunden hatte, zum Leuchten. Verstaubte Plastikseerosen warteten seit Jahrzehnten darauf, dass irgendjemand das kleine Bassin mit Wasser füllte. Ein zarter Duft von Bienenwachs lag in der Luft, und ohne dass ich wusste, wie mir geschah, spulte sich ein Film in meinem Kopf ab. Ich sah das Rapsfeld hinter dem Reetdachhaus, das uns im ersten Jahr knallgelb und fröhlich empfangen hatte, sah, wie mein Mann und ich kurz nach unserem Einzug mit weißem Salbei durch das Haus liefen, um alte Geister zu vertreiben und Raum für unser neues Leben zu schaffen. Meine Bienenstöcke und meine Honigküche, in der ich Stunden mit Abfüllen verbracht hatte, tauchten auf. Der Duft unserer ungezählten Grillabende stieg mir in die Nase, wenn ich meine vegetarische Lebensweise zugunsten von ein paar leckeren Nürnberger Rostbratwürstchen aufgab. Mir war zum Heulen zumute. Ich kniff mich und zog die Flasche Aldi-Champagner aus der Seitentasche meines Rucksackes, die dank der Kälte genau die richtige Trinktemperatur hatte. «Nobel geht die Welt zugrunde», murmelte ich, während ich das Metall des Verschlusses abpulte und eines meiner Lieblingsweingläser mit dem Relief einer Biene aus meinem Rucksack holte. «Wann werde ich euch wohl wiedersehen?», flüsterte ich und dachte an meine Bienen, die ich ein paar Wochen zuvor bei meinen Imkerkollegen vorbeigebracht hatte. Der Korken schoss mit einem lauten Plopp aus der Flasche, flog in hohem Bogen durch die Luft und verschwand hinter einem der Kartonstapel. Leise zischend sprudelte die helle Flüssigkeit in das

Glas. «Auf die Zukunft! Und herzlichen Glückwunsch zum Fünfzigsten!», flüsterte ich, leerte mein Glas in einem Schwung und füllte gleich wieder nach. Mein Atem kondensierte in der kalten Luft. So hatte ich mir meinen Jubeltag nicht vorgestellt. Anstelle mich von Freunden hochleben zu lassen, damit sich die Fünf vor der Null weniger schlimm anfühlte, betrank ich mich. Ich fühlte mich wie eine Obdachlose, dabei hatte ich selber Schuld, dass ich hier alleine war. Mir war nicht nach feiern und schon gar nicht diesen Geburtstag. Die 50 schnitt wie ein Messer in mein Fleisch, wenn ich nur an sie dachte. Bis vor kurzem hatte ich mich noch alterslos gefühlt, in einer Prärie mit endlosen Horizonten und Möglichkeiten. Nun fühlte ich mich wie 80, hoffnungslos und am Ende des Lebens. Was gab es da zu feiern, und mit wem? Wollte ich mit meinem Noch-Mann anstoßen, während er an seine neue Freundin dachte? Und auch ich wünschte mich nach Lissabon, in die Arme eines Latin Lovers, dessen zart gebräunte Haut nach Sonne, Salz und Bitterorange roch und dem ich durch seine grau melierten Haare wuscheln konnte. Und meine Freundinnen? Erfolgreiche Frauen, die mit ihren Familien in ihren eigenen vier Wänden wohnten, teuer eingerichtet und abbezahlt. Meine beste Freundin baute sich sogar gerade ein Haus in bester Lage, während ich darüber nachdachte, in meinen Bauwagen zu ziehen. Dieser Schmach wollte ich mich nicht aussetzen, also hatte ich alle Anfragen zu meinem Geburtstag abgewimmelt. Mein Handy leuchtete auf. Der Schein des Displays beleuchtete den kläglichen Rest meines Lebens, und ich fühlte mich noch jämmerlicher. «Alles Liebe zum Geburtstag. Das Beste kommt noch», schrieb meine Freundin. «Pfft», zischte ich und warf mein Handy auf die Matratze, als ob sie mir eine Beleidigung geschickt hätte. «Du hast gut reden. Beschäftigst dich mit Bulthaup-Küchen und Dachterrassenmobiliar, während ich nicht weiß, wo ich schlafen soll», flüsterte ich, spülte meinen Frust mit einem langen Schluck Champagner herunter, füllte mein Glas erneut und wiederholte den Vorgang, bis die Flasche fast leer war. Was nun? Ich hoffte auf eine höhere Macht, die mir sagen würde, wo es langging.

«Unternehmerin Johanna F. (Name von der Redaktion geändert) wurde unter einer Brücke in Hamburg gesichtet. Nach erfolgreicher Karriere steht ‹Honigfrau› Johanna F. überraschend vor dem Ruin. ‹Wie konnte es nur dazu kommen? Wir haben nichts geahnt›, antworteten die überraschten Nachbarn auf Nachfrage unser Zeitung. Auf Initiative der Landfrauen, bei denen Johanna F. lange Mitglied war, wurde eine Sammlung organisiert. ‹Wir suchen Winterkleidung, einen Gaskocher, Konservendosen und einen Daunenschlafsack›, sagte Vorsitzende Babette K. aus Süselsby auf Nachfragen unserer Zeitung.»

Mein Redeschwall endete, weil Champagner aus meinem Magen hochstieg und in meiner Speiseröhre brannte. Hastig schluckte ich; aus meinen Mundwinkeln rannen ein paar Tropfen und liefen an meinem Hals hinab, bis mein extrawarmes T-Shirt aus Merinowolle sie aufsog.

Aus dem Treppenhaus drangen Stimmen. Ich hielt meinen Atem an und lauschte. Fröhliche Menschen kamen heim und machten es sich in ihrer Wohnung gemütlich. Und ich? Ich saß an meinem Geburtstag in einem Lagerraum und versteckte mich. Mein Blick fiel in den Spiegel, der an einem der Kartontürme lehnte. Im Kerzenschein glotzte mir ein Gesicht entgegen, das leider mein eigenes war. Meine Nase war gerötet und triefte. Meine Lippen waren aufgesprungen und die Haut unter meinen Augen lila verfärbt. Vom Alkohol erweiterte knallrote Äderchen leuchten auf meinen Wangen. Mein rechtes Auge schielte nach außen und tat so, als gehörte es nicht zu mir. Das andere fixierte mich glasig. Die Kerzenflamme warf bizarr tanzende Schatten über mein Gesicht. Die Reste meiner Lash-Extensions aus Lissabon ragten wie Fliegenbeine aus meinen echten Wimpern und erinnerten mich an den Wahnsinnigen aus dem Film «Clockwork Orange». Während ich dieses Zerrbild betrachtete, das mit dem, wie ich sein wollte, nicht das Geringste zu tun hatte, dämmerte mir, was ich während der letzten Wochen ausgeblendet hatte. Ich WAR obdachlos! Die Erkenntnis donnerte wie ein Bleigewicht auf mich nieder. Wie naiv war ich eigentlich, dass ich vergessen hatte, mich darum zu kümmern, wo ich bleiben würde? Meine Honigmanufaktur war meine Existenz. Die durfte ich nicht auch noch verlieren, daher hatte ich nach einer anderen Lösung gesucht, und das war mir zum Glück gelungen. Ich hatte Wochen damit verbracht, meine Freunde von der Behindertenwerkstatt einzuarbeiten, ihnen die Abläufe zu erklären und noch mal zu erklären, da blieb keine Zeit mehr für die Wohnungssuche. Mir wurde heiß und gleichzeitig kalt. Schweiß trat auf meine Stirn. Ich lockerte meinen Schal, riss mir die Mütze vom Kopf und sog die kalte Luft tief in meine Lungen. Alleinstehend, selbständig und mit schwankendem Einkommen, konnte ich die Wohnungssuche in Hamburg knicken. Abgesehen davon waren bezahlbare Wohnungen Mangelware. Wenn bereits zig Double-income-no-kids-Paare Schlange standen und mit ihren Selbstauskünften wedelten, hatte ich keine Chance. Mit Projektmanagern, CEOs und anderen angeblichen Leistungsträgern konnte ich nicht mithalten. Meine Arbeit mit den Bienen hatte die Welt zwar besser gemacht, aber auf dem Wohnungsmarkt war mein Idealismus nichts wert. Da konnte ich noch so nett, zuverlässig und vertrauenswürdig sein.

Ich warf einen Bettbezug über den Spiegel, um meine jämmerliche Gestalt nicht länger ansehen zu müssen, und nahm noch einen großen Schluck aus meinem Weinglas. «Ich könnte in meinen Bauwagen ziehen», murmelte ich, «das könnte ein Abenteuer sein. Vielleicht kann ich ein Buch darüber schreiben. Mein Jahr in der Villa Pauli.» Tiny Houses waren in. Und Selbstversuche auch. Ein Jahr ohne Fleisch, ein Jahr ohne Plastik, ein Jahr ohne Auto. Ständig las man von Leuten, die auf etwas verzichteten, um etwas zu erhalten. Die Idee konnte ich meiner Umgebung als mutigen Selbstversuch verkaufen, auch wenn ich selber wusste, dass das nicht stimmte. «Downsizing» und «leichtes Gepäck» waren nach den Erfahrungen mit meinem überfüllten Elternhaus auch für mein eigenes Leben erstrebenswert. Der Bauwagen passte da ins Bild. Wozu brauchte ich ein 220 Quadratmeter großes Haus, wenn es 6 Quadratmeter Bauwagen genauso taten? Aber wie würde ich mich fühlen, wenn mein Mann im vornehmen Winterhude mit seiner jungen Freundin in einer Jugendstilvilla wohnte, während seine alternde Ehefrau ohne Bad und WC im Bauwagen hauste? «Nie und nimmer!», fauchte ich und kickte wütend mit meinem Fuß gegen einen der Kartons. Meine Schuhspitze riss ein Loch in die Pappwand, und der Turm geriet ins Schwanken. Ich sprang auf, stemmte mich gegen die Kartons, bis sie zu schwingen aufhörten, und plumpste wieder auf meinen Stuhl zurück. «Siehst du, was du angerichtet hast?», blaffte ich und hob den Kopf zur Decke, als würde mein Vater, der Schuldige meines Dilemmas, über mir schweben. «Du stirbst, und dein Chaos macht alles kaputt! Toller Vater! Nee, das lass ich mir nicht gefallen.» Ich nahm einem weiteren Schluck Champagner. Mich fröstelte. Ich zog den Reißverschluss meiner Jacke höher, streifte mir die Kapuze über den Kopf und setzte mich auf meine Hände, um sie zu wärmen. «Musik, ich brauche Musik.» Ich klemmte mir meinen Kopfhörer über die Kapuze. Während ich mein Handy aus dem Deckengewirr auf der Matratze fischte, verlor ich das Gleichgewicht und fiel wie ein Sack nach vorne. Mir wurde schwarz vor Augen; mein Daunenparka ließ mir kaum Bewegungsfreiheit, und meine Winterboots hingen wie Zementeimer an meinen Füßen. Wie eine hilflose Schildkröte lag ich auf der Matratze und kam nicht hoch. Ich suchte nach etwas, an dem ich mich hochziehen konnte, fand aber nichts, also blieb ich einfach liegen. Ich tippte mich durch die Playlists, die ich mir auf meiner Lissabonreise zusammen gestellt hatte und die mich an meinen Urlaub erinnerten, und entschied mich schließlich für ein Liste namens Madragoa. Die Musik war melancholisch, und genau das wollte ich jetzt, heulen, heulen und noch mal heulen. «Saudade, Lisboa», flüsterte ich und fing schon an, bevor der erste Song erklang. Zu dieser Musik war ich durch die Travessa de Pasteleiro gewandert und dem Duft von Kaffee aus der Rösterei «A Flor da Selva» gefolgt. An der Ecke zur Rua da Esperança hatte ich Senhor Felix kennengelernt, der vor seinem Wäschegeschäft stand und mit seinen Nachbarn schwatzte. Seine Unterarme steckten in Schonern, damit seine Ärmel bei der Arbeit nicht schmutzig wurden. Er hatte mir zugelächelt und mich reingewinkt. Er erzählte mir, dass er den Laden in den Fünfzigern von seinem Schwiegervater übernommen hatte, und noch ein bisschen Klatsch aus dem Viertel. Ich kaufte ihm zwei Handtücher für Rita ab. Sie stammten wahrscheinlich auch noch aus den Fünfzigern, aber das spielte keine Rolle. Senhor Felix war happy und ich auch. Dank ihm wusste ich, dass weiter oben in der Gasse Doña Maria im Schatten saß und Siesta hielt. Sie war über 80 und schon als Kind mit einem Korb auf dem Kopf durch die Straßen Madragoas gelaufen, um Obst zu verkaufen. Ich lauschte der Musik, spürte auf einmal die Wärme der Sonne auf meinem Gesicht und sah den knallblauen Himmel über mir leuchten. Ich bog in die Rua Vicente Borga. Die «Festas» von St. Antonio waren schon lange vorbei, dennoch hingen die bunten Girlanden, die im Juni die ganze Stadt schmückten, noch immer über der Gasse. Beim nächsten Lied tauchte ich in den lilafarbenen Blütenvorhang der Jacaranda-Allee in der Avenida Dom Carlos I ein. Ich dachte an meine kissing spots, an denen ich so gerne geküsst hätte, und roch den Duft der Pastel de Natas, die frisch und warm aus der Backstube kamen. «Lissscchhhboa», seufzte ich und suhlte mich in Selbstmitleid. «Nur noch 10 Prozent Akkuladung.» Die Ansage durch meinen Kopfhörer riss mich aus meinen Träumereien, und mit einem Mal war ich stocknüchtern. «Lissabon! Das ist es! Ich ziehe nach Lissabon!» Ich schlug mir mit der flachen Hand gegen die Stirn, als ärgerte ich mich, dass ich nicht schon längst auf diese Idee gekommen war, und ein Feuerwerk aus Endorphinen und Adrenalin überschwemmte meinen Körper. «Wann, wenn nicht jetzt?» Ich holte meinen Laptop aus dem Rucksack und öffnete die Website von Ryanair. Der günstigste Flug von Hamburg nach Lissabon ging bereits in fünf Tagen. «Soll ich? Ja, klar! Wirklich? Jaaaa, mach schon! Nee! Doch! Nee!» Mein Zeigefinger hing über dem «Jetzt buchen»-Button und bewegte sich nicht von der Stelle. «Was wird aus Mama? Sie ist fit und lebt hoffentlich noch lange. Aber ich möchte nicht hier angekettet sein und auf Möglichkeiten verzichten. Das würde sie auch nicht wollen. Oder soll ich doch versuchen, in Hamburg ein Zimmer zu finden oder irgendwo auf dem Land in der Nähe meiner Bienen? Nee, irgendwie ist jetzt Zeit zum Aufbruch.» In meinem Kopf lieferten sich der Schisshase und die Abenteurerin ein Wettrennen, und keiner hatte die Nase vorn. Auf einmal dudelte Julia Engelmanns Song «Grüner wird's nicht», und augenblicklich sauste mein Finger wie ein Fallbeil auf die Tastatur. Ein paar Sekunden später landete die Buchungsbestätigung in meinem Postfach. «Ich fasse es nicht, ich habe es gemacht», jauchzte ich, rappelte mich hoch und trällerte:

«Du musst leben, lalala, …, nur nach vorn, nie zurück, juhu, … ich starte, wann ich will, lalala, was richtig und falsch ist, weiß ich auch nicht, lalala, ich schau von oben aufs Chaos und genieße die Aussicht.» Atemlos fiel ich auf den Stuhl und rang um Fassung. Meine Gedanken wirbelten in meinem Kopf herum. Was musste ich jetzt tun? «SOS, honey! I will move to Lisbon in 5 days and I need a room. Urgent!», schrieb ich Rita, und ihre Antwort ließ nicht lange auf sich warten. «Cool, honey! Don't worry, I will find a place for you. I will call you as soon as possible», textete sie. Sicherheitshalber schaltete ich die Musik aus, um Akkuladung zu sparen, und ließ mein Telefon nicht aus den Augen.

Rita hielt ihr Versprechen. Eine knappe Stunde später bimmelte mein Handy, und sie berichtete mir von einer Freundin, die eine Mitbewohnerin suchte. Die Konditionen waren gut. Die Lage ebenfalls. «Grüner wird's nicht», dachte ich, drängte die Angst vor meiner eigenen Courage beiseite und sagte sofort zu. Aufgeregt tigerte ich den schmalen Gang auf und ab. Dann hielt ich es im Lagerraum nicht mehr aus. Ich wollte meine Freude in die Welt hinaustragen und hüpfte mehr, als dass ich lief, durch die dunklen Straßen. Ich schaute in die erleuchteten Fenster, wo Familien ihrem Alltag nachgingen, und fühlte mich überhaupt nicht mehr gescheitert und hoffnungslos. Ganz im Gegenteil, auf einmal taten mir die Menschen leid, die heute schon wussten, was morgen kam. Ich dagegen fühlte mich wie eine Abenteurerin, die den Sprung ins Ungewisse wagte. Die vorwärtsging, auch wenn der Weg noch unklar war. Der Weg würde schon kommen, das hatte mich meine Vergangenheit gelehrt. Vielleicht war ich in einem früheren Leben eine portugiesische Entdeckerin, die ihre Heimat verließ, um neue Horizonte zu erschließen, schmunzelte ich und hüpfte am Kaifu-Ufer einer spannenden Zukunft entgegen. Ängste hatten keine Chance, dafür war ich viel zu beschwipst. Vielleicht konnte ich in Lissabon an meinem historischen Roman schreiben? Seit Monaten war ich aus Zeitmangel und Stress nicht weitergekommen. Eine inspirierendere Umgebung konnte ich mir für diese Arbeit nicht wünschen, und die Aussichten waren gut: Meiner Agentin hatte die Idee gefallen, und sie wartete seit Monaten auf mein Exposé. Mein Bauch kribbelte. Ich beschleunigte meinen Schritt, als würden die nächsten fünf Tage dadurch schneller vergehen. Zum ersten Mal seit dem Tod meines Vaters fühlte ich mich als die Kapitänin meines Lebens.

Zwei Stunden später schlich ich zurück in meinen Lagerraum, und auf einmal fand ich ihn überhaupt nicht mehr schlimm. Meine Visionen hatten mich bereits mitgerissen. Ich war schon in Lissabon, der Stadt, die mich aus meinem Dornröschenschlaf geweckt und mir eine ganz neue Seite meiner selbst gezeigt hatte. Den Song «Grüner wird's nicht» hörte ich in dieser Nacht immer wieder, bis der Akku seinen Geist aufgab und ich erschöpft, aber glücklich auf meiner Matratze einschlief.

~~~~~~~~~ Abschied ~~~~~~~~~

Nervös klopfte ich wieder und wieder meine Taschen ab und prüfte, ob ich alle wichtigen Sachen dabeihatte. Meine Hände waren feucht, und ich schwitzte, obwohl es kalt und windig war. Je näher wir dem Flughafen kamen, desto weicher wurden meine Knie. Mir dämmerte, dass ich nicht einfach nur ein paar Tage verreiste. Diesmal hatte ich nicht nur Handgepäck dabei, sondern zog einen riesengroßen Koffer hinter mir her, der all das enthielt, was ich für einen Start in ein neues Leben zu benötigen glaubte. Ich hievte den Koffer auf die Waage am Check-in und fummelte mit zitternden Händen meinen Personalausweis aus meinem Portemonnaie. «Reisen Sie alleine?», fragte die Dame am Schalter und blickte fragend zu meinem Mann, der mich zum Flughafen gefahren hatte, um anschließend mein Auto zu übernehmen. Ich würde es künftig nicht mehr brauchen und war erleichtert, so schnell eine Lösung gefunden zu haben. Ich nickte und biss mir in die Backentasche, um die Fassung zu bewahren. Das Fließband trug meinen Koffer davon, und ich hoffte inständig, ihn in Lissabon wiederzusehen. Schließlich war darin alles, was ich für meinen Neustart brauchte.

Schweigend liefen wir Richtung Gate. Die Schlange der Reisenden, die vor der Sicherheitskontrolle warteten, zog sich wie ein Lindwurm bis in die Ankunftshalle. Ich stellte mich dort an, wo ich das Ende vermutete, und bewegte mich im Zeitlupentempo vorwärts. Über uns waberte eine Wolke aus Verletzungen, Vorwürfen und Trauer, gewürzt mit Nervosität. Die Sprachlosigkeit zwischen uns fühlte sich beklemmend an, aber jetzt war es zu spät für klärende Gespräche, und ich hatte auch keine Lust dazu. Hauptsache, weg. Mit Abstand hoffte ich besser zu verstehen, was mit uns geschehen war. Sich für eine Weile Raum geben, «freilassen», wie ich es nannte, um Stress abzuschütteln, durchzuatmen und sich nach den anstrengenden Zeiten seit Papas Tod neu zu finden, so hatte ich mir das vorgestellt. Aber mein Mann hatte Nägel mit Köpfen gemacht und sich schon anderweitig umgeschaut. Sobald das Flugzeug abheben würde, begann für mich ein Leben, in dem die Worte «wir» und «uns» nicht mehr vorkamen. Der Scanner piepte, als ich mein Handy mit der elektronischen Bordkarte auf die Glasscheibe legte. Ein grüner Pfeil leuchtete auf, und die Schranke schob sich zur Seite. Fast sprang ich über die imaginäre Grenze auf die andere Seite, als befürchtete ich, es mir doch noch anders zu überlegen. Mein Mann und ich umarmten uns über die Absperrung hinweg ein letztes Mal und wünschten uns alles Gute. Ein kurzer Abschied für 16 lange Jahre. Im Gehen drehte er sich noch mal zu mir um, winkte und sagte etwas, aber eine Lautsprecherdurchsage, die die Verspätung eines Flugs bekannt gab, übertönte seine Worte. Ich versuchte zu lächeln, aber mein Gesicht verzog sich nur zu einer Grimasse. Der Druck der nachfolgenden Passagiere schob mich nach vorn, und eine Sicherheitsbeauftragte, die mich in eine neue Schlange winkte, lenkte mich für einen Moment ab. Eine vierköpfige Familie nutzte ihre Chance und drängelte sich an mir vorbei, um schneller durch die Schleuse zu kommen. «Typisch deutsch», ätzte ich ungehalten und freute mich auf die portugiesische Gelassenheit. Als ich mich nach meinem Mann umschaute, wurde er von der automatischen Drehtür nach draußen befördert. Er winkte mir durch die verglaste Front des Flughafens flüchtig zu und verschwand hinter einer Reihe Taxen. Ich verdrehte meinen Kopf wie eine Eule und hoffte, ihn hinter den Autodächern wieder auftauchen zu sehen, aber er blieb verschwunden.

Ich dachte an unsere Hochzeit vor über zehn Jahren, als ich in der Karibik auf einem Hügel stand, über das Meer schaute und mir während der Zeremonie vorstellte, dass diese Weite nun wie eine weiße Leinwand vor uns lag, die es bunt und kreativ zu bemalen galt. Die Vorstellung hatte mich begeistert und mir meine letzten Ängste vor dem Jawort genommen. Und genau so wurde es. Kreativ, offen und immer wieder überraschend. Nun würde unser Gemälde unvollendet bleiben. Mir blieb keine Zeit für Sentimentalitäten, schon stand ich vor dem Fließband des Gepäckscanners und packte Laptop, Schmuck und Handy in mehrere graue Plastikboxen. Eine Flughafenangestellte winkte mich weiter. «Beam me to Lisbon, Scotty», dachte ich, als ich mich in den Bodyscanner stellte, die Arme über den Kopf hielt und mich dabei fühlte wie in einer Raumschiff-Enterprise-Episode. Als «ungefährlich» eingestuft, verließ ich den Sicherheitscheck und wanderte kurz darauf Richtung Gate C einer unbekannten Zukunft entgegen. Mit jedem Schritt fühlte ich mich leichter, weil bald 3000 Kilometer zwischen mir und den letzten zwei Jahren liegen würden. Wie immer war ich zu früh. Ich suchte mir einen Platz mit Blick nach draußen, beobachtete das Starten und Landen der Flugzeuge und genoss es, einfach nur da zu sitzen und nichts zu tun. Die letzten fünf Tage hatte ich wie im Zeitraffer verbracht. Am nächsten Morgen waren mir dann doch Zweifel gekommen. Konnte ich wirklich einfach weg? Als Vormund meiner Mutter trug ich Verantwortung für sie, musste für sie da sein und wollte das ja auch. Aber um welchen Preis? Schlaftrunken war ich in die ehemalige Küche der Schusterwerkstatt gewankt, hatte mir über dem Spülstein kaltes Wasser ins Gesicht geschaufelt und aus den Umzugskartons ein paar frische Klamotten zusammengesucht. Dann hatte ich an der Eingangstür gelauscht, damit mich niemand beim Hinausgehen sah, und war einmal um den Block gelaufen, um einen klaren Kopf zu bekommen. Die kalte Luft biss in meine Wangen. Die Sonne schien, und die Amseln zwitscherten, als käme der Frühling, daher stand der Winter erst ins Haus. Die Bäckerei im Nachbarhaus öffnete gerade. Ich bestellte einen doppelten Espresso, fischte mir eine Decke aus einem Bastkorb, wickelte mich darin ein und setzte mich auf die Bierbank vor dem Laden. Die Verkäuferin gab mir einen Stift und Papier, und mit klammen Fingern schrieb ich wieder mal an meinen Vater:

Papa, was soll ich tun? Ich möchte nicht wegen Mama angekettet sein und auf Chancen verzichten. Das würde sie auch nicht wollen, oder? Ich muss jetzt leben und kann damit nicht warten. Oder soll ich ihr zuliebe doch nach Hamburg zurück? Dann bin ich näher dran. Nee, das fühlt sich für mich wie ein Rückschritt an, wie ein Scheitern. Ich will unbekanntes Terrain erobern, später kann ich immer noch nach Hamburg zurück, wenn ich das möchte. Jetzt ist die Zeit zum Aufbruch, trotz Mama, oder?

Ich fühlte mich besser, wirklich sicher war ich meiner Sache jedoch nicht. Es ging nicht anders, ich musste meine Mutter fragen oder ihr zumindest persönlich mitteilen, was ich plante. Also stieg ich ins Auto und fuhr den gleichen Weg aufs Land zurück, den ich erst tags zuvor mit Sack und Pack gekommen war.

Die Schiebetür öffnete sich geräuschlos, und ich betrat das Altersheim. Eine Mischung aus Küchendüften, Putzmitteln und etwas Undefinierbarem, das nach Alter, Abschied und Trauer roch, stieg in meine Nase. Ich ließ ein paar Tropfen Desinfektionslösung in meine Handflächen laufen und verrieb sie gründlich.

Falls eine Grippewelle grassierte, konnte das hier schlimme Folgen haben. In einer rustikalen Sitzgruppe, die mit abwaschbarem Kunstleder bezogen war, döste eine alte Dame. Ein überdimensioniertes Lätzchen hing um ihren Hals und bedeckte ihren Oberkörper. Straff spannte sich die gelbliche Haut über ihren markanten Wangenknochen, und ein Speichelfaden rann aus ihrem halbgeöffneten Mund. Eine Mitarbeiterin im blauen Kittel eilte vorbei und grüßte mich mit einem strahlenden Lächeln. Dieses Heim für Demenzkranke war kein trauriger Ort. Ganz im Gegenteil, hier wurde gesungen, gelacht und getanzt und den Bewohnern voller Respekt und Liebe begegnet. Ich entschied mich, erst im Speisesaal nach meiner Mutter zu suchen. Das Mittagessen war gerade vorüber. Vielleicht half sie beim Abräumen und lief irgendwo zwischen Saal und Küche hin und her. Ihr Leben als Hausfrau hatte sich tief in ihr Gehirn gegraben; selbst die Demenz konnte dem nichts anhaben.

Vor dem Eingang zum Speisesaal stand eine Kommode mit altmodischen Küchengeräten. Ein Waschbrett, Weckgläser und ein paar andere Gegenstände von anno dazumal sollten bei den Bewohnern Erinnerungen wecken. «Wenn ich irgendwann mal hier einziehen sollte, liegen dort alte Laptops und Handys», dachte ich und klopfte ein paarmal auf das Holz der Kommode, um das Unglück von mir abzuwenden. Ich trat zur Seite, um einer Pflegerin Platz zu machen, die einen Herrn im Rollstuhl schob. «Wünsche, wohl geruht zu haben», grüßte er freundlich. Ich lächelte und erwiderte seinen Gruß. «Es ist doch schon Mittag, Herr Petersen», tadelte die Pflegerin liebevoll und zwinkerte mir zu.

Unter der Decke des Speisesaals hingen noch die Girlanden vom letzten Tanztee und schwangen sanft im Wind des Deckenventilators. Ab und zu hatte ich die Gelegenheit genutzt und mit meiner Mutter geschwoft. Tanzen und Musik liebte sie. Die

Schlagermusik, die die Mitarbeiter auswählten, war allerdings nicht nach ihrem Geschmack, wie ich an ihrem Gesichtsausdruck erkennen konnte. Auf einem Regal lagen Strohhüte in allen Farben und Formen und warteten auf den nächsten Sommer. Mein Blick schweifte über graue Köpfe, die in den Ohrensesseln vor den Fenstern Siesta hielten. Der Pagenkopf meiner Mutter war nirgends zu sehen. Ich verließ den Speisesaal und ging zu ihrem Zimmer. Überdimensionierte Fotos von Katzen, Schafen und Schleswig-Holsteiner Landschaften zierten die Wände der langen Flure. Das Zimmer meiner Mutter war aus Sicherheitsgründen verschlossen. Manchmal irrte sich ein Bewohner in der Tür, legte sich in ein fremdes Bett oder nahm versehentlich Mäntel, Schuhe oder Mützen mit. Ein Sessel, ein Beistelltisch und ein paar Bilder an den Wänden war alles, was ihr an persönlichen Gegenständen geblieben war. Bett, Schrank und Nachttisch hatte das Heim gestellt. Glatte Oberflächen, hygienisch und leicht zu reinigen. Darauf kam es an.

Endlich entdeckte ich meine Mutter im Café, das ehrenamtliche Helfer einmal die Woche für die Bewohner und deren Angehörige betrieben. Trotz der winterlichen Temperaturen trug sie einen der Strohhüte, die ich im Speisesaal gesehen hatte, und war damit beschäftigt, mit den Fingern ein Stück Schwarzwälder Kirschtorte zu essen, wobei sie es erst auf ihrem Kleid und ihrem Platz verteilte, bevor etwas davon in ihren Mund gelangte. Ich blieb in einiger Entfernung stehen und beobachtete sie; mir fiel ein Stein vom Herzen. Es ging ihr gut. Seit sie hier wohnte, war sie aufgeblüht und ausgeglichener als jemals zuvor. Niemand wies sie zurecht, und sie konnte einfach so sein, wie sie wollte. Sie hatte ein volles Programm: Neben der wöchentlichen Tanzveranstaltung hatte ich für sie einen Therapiehund organisiert, den sie streicheln und mit dem sie im Garten unter Anleitung «Gassi gehen» konnte. Sobald sie den Collie sah, begann sie, ein paar Worte zu sprechen. Eine ehemalige Mitarbeiterin des Heimes kam für Extra-Spaziergänge, und eine Musiktherapeutin sang mit ihr. Nichts davon wäre zu Hause möglich gewesen.

Ich pfiff unseren Familienpfiff. Sie blickte um sich und lächelte, als sie mich sah. Mein Gesicht war ihr vertraut, auch wenn ich bezweifelte, dass sie noch wusste, dass ich ihre Tochter war. Ich bestellte mir ebenfalls ein Stück Kuchen und setzte mich zu ihr. Ab und an schaute sie zu mir auf, lächelte und wirkte, als sähe sie mich in dem Moment zum ersten Mal. Nach unserem Kaffeekränzchen zog ich sie warm an und ging mit ihr in den Garten. Während wir Runde um Runde drehten, erzählte ich ihr von meinem Vorhaben. Sie knipste die Köpfe verwelkter Blumen ab, sammelte Laub auf und verstand kein Wort, aber ich fühlte mich erleichtert und spürte, dass sie mir nicht böse sein, sondern meinen Plan begrüßen würde. Raus aus der Komfortzone, Erfahrungen sammeln und eigene Welten erobern, das hatte sie sich niemals getraut und uns umso mehr gewünscht, und dafür war ich ihr dankbar. Eine Stunde liefen wir wie Zirkuspferdchen im Kreis, bis ich mich müde auf eine Bank setzte und sie alleine weiterspazierte. Als sie in Seelenruhe am gegenüberliegenden Ende des Gartens Zweige von einem Strauch abbrach, war meine Anwesenheit vergessen, und ich ging.

«Tschüs, Mama, bleib gesund», flüsterte ich und verließ den Garten. Ich rang mit meinen Emotionen, bis ich im Auto saß. Dann war alles wieder gut. Ich war schließlich nicht aus der Welt und konnte innerhalb eines Tages anreisen, sollte es nötig sein. Erleichtert und ohne Schuldgefühle fuhr ich nach Hamburg zurück. Ich hatte für sie getan, was ich konnte, nun war mein eigenes Leben dran.

Eine Lautsprecherdurchsage kündigte die Verspätung des Fluges an. Enttäuscht über die unfreiwillige Verzögerung, ging ich in ein Bistro, kaufte mir einen Kaffee und holte meine Kladde hervor:

Lieber Papa, ich schreibe dir heute zum letzten Mal. Ab jetzt will ich mich nicht mehr mit der Vergangenheit beschäftigen. Jetzt möchte ich erstmal nur nach vorne schauen. Ich möchte Weite wagen! Passender kann das Motto der Fastenzeit, das mir vor ein paar Tagen ins E-Mail-Postfach geflattert ist, nicht sein, oder? Gerade jetzt benötige ich jede Menge Weite. Woran denke ich bei dem Wort? Ich denke an den Himmel, an Freiheit und Offenheit. Ich denke an das Meer, einen weiten Horizont und daran, Neues zu lernen. Ich denke an ein Hochgefühl, wie am letzten Schultag vor den Sommerferien, wenn Wochen voller Möglichkeiten vor mir lagen. Ich wünsche mir, dass ich die Kraft und die Zuversicht aufbringe, meine Möglichkeiten zu erkennen und meinen Weg ins Unbekannte zu gehen, und hoffe, du wünschst mir das auch. Mach's gut.

Nenn mich Lisboeta

Ich zog meinen Rucksack unter dem vorderen Sitz hervor und fädelte mich in die Reihe der Passagiere ein, die aus dem Flugzeug hinausströmten. Meine Aufregung wuchs mit jedem Schritt, den ich vorrückte. «Bom dia! Enjoy Lisbon», wünschte mir die Stewardess am Ausgang. «Obrigada. I will», erwiderte ich, und ein Glücksschauder lief über meinen Rücken. Bevor ich die Gangway herunterging, blieb ich kurz in der Flugzeugtür stehen, schloss die Augen und genoss den Moment, als die Sonne Lissabons zum ersten Mal mein Gesicht kitzelte. «Weite wagen!», murmelte ich, atmete tief durch und nahm mir vor, mit jedem Schritt, den ich machte, etwas von der Last der vergangenen Jahre loszulassen. Der Trick funktionierte. Unten angekommen, fühlte ich mich leicht und beschwingt. Ich zog mein Telefon aus der Jackentasche und tippte auf dem Weg über das Flugfeld zum Bus «We see the same sun! Nós vemos o mesmo sol» in mein Handy und schickte die Nachricht per WhatsApp an meine «Lisboetas», damit sie wussten, dass ich angekommen war und wir in die Planung der nächsten Tage einsteigen konnten. Diesmal bestand die Herausforderung nicht darin, so viel wie möglich in einen kurzen Urlaub zu quetschen. Diese Message war mein Tusch: Ich war gekommen, um zu bleiben.

Kurze Zeit später zerrte ich meinen Koffer vom Gepäckband und verließ schwer bepackt die Ankunftshalle. Vor der Schiebetür, die unentwegt Reisende aus aller Welt ins Flughafengebäude spuckte, wartete eine Menschenmenge. Hotelangestellte hielten Schilder mit Namen hoch, Menschen fielen sich in die Arme, und Erwachsene wirbelten Kinder durch die Luft. Mich empfing niemand. Ab jetzt war ich «mein eigener Mensch», und das war gut so. Auf meine Intuition zu hören, mir zu vertrauen und alleine zu entscheiden, das war in den letzten Jahren zu kurz gekommen, und es war höchste Zeit, diese Fähigkeiten zu reaktivieren.

«Olá, bom dia. Calçada Santana, por favor», bat ich den Taxifahrer, der aus dem Auto sprang und mir entgegenlief, als er mich mit meinen Koffern kommen sah. Wie viele Portugiesen war er kleiner und schmaler als ich. Er hievte ächzend mein Gepäck in den Kofferraum, ging dabei fast in die Knie und hielt mir die Tür zum Fond der Taxe auf. Als Imkerin war ich Schleppen gewohnt, daher fiel es mir schwer, diese Höflichkeiten anzunehmen. Schließlich war ich keine «Frau Frau», kein zartes Wesen mit langem, blondem Haar und der Lieblingsfarbe Pink. Ich war nur eine «Frau», handfest, mit eigener Bohrmaschine im Gepäck und voller blauer Flecke vom Schuften. Schon bei meinem ersten Aufenthalt war ich mit meinem Verhalten auf Unverständnis gestoßen. «Ich bin eben ein Wikinger», hatte ich mich scherzhaft entschuldigt, wenn ich meine Einkäufe selber trug oder nicht abwartete, bis man mir die Tür aufhielt. Die Wahrheit war aber, dass ich mich bei Gefälligkeiten dieser Art unwohl fühlte und es nur schwer aushalten konnte, wenn jemand etwas für mich tat.

Der Weg vom Flughafen in die Innenstadt war mir fremd. Die Häuser zogen vor dem Fenster vorbei, und ich versuchte zu erahnen, wo wir waren. Erst als das Taxi die Deutsche Botschaft und das Goethe-Institut am Campo Mártires da Patria passierte, kannte ich mich wieder aus. Das bisschen Heimat in der Fremde beruhigte mich. Man konnte ja nie wissen.

Am Denkmal für Dr. Sousa Martins ruckelte eine alte Frau eines der Votivschilder zurecht, die sich am Sockel der Statue auftürmten, und legte ein paar Blumen nieder. Die kostenlose Behandlung von Armen hatte dem Arzt im 19. Jahrhundert den Status eines Heiligen eingebracht. Ein Meer von Marmorschildern, einige in Herzform, mit eingemeißelten Danksagungen oder Fürbitten für kranke Angehörige, zeugte von der Verehrung für ihn. Die spirituelle Ader einiger Portugiesen war mir suspekt. Ein Freund konsultierte eine Astrologin namens Dulce Regina, um sich Absolution für seine Liebe zu einer verheirateten Frau zu holen. Für viel Geld las ihm Dulce Regina aus dem fernen Brasilien die Zukunft und teilte ihm mit, dass er und seine Angebetete zwei Hälften ein und desselben Eies waren, die vereinigt werden mussten, um ewiges Glück zu finden. Daraufhin verfolgte er die Spaltung der Ehe und die Vereinigung mit seiner fehlenden Eihälfte mit Nachdruck. Über so viel Naivität konnte ich nur den Kopf schütteln. Allein der Name der Astrologin brachte mich zum Lachen: «Dulce Vagina», frotzelte ich, wenn ich mich nach dem aktuellsten Stand seiner Vereinigungsaktivitäten erkundigte. Ernüchtert durch langjährige Therapieerfahrung, empfand ich es als unreif und naiv, die Verantwortung für das eigene Leben einer höheren Macht zu übertragen. Vielleicht war ich auch nur neidisch, weil er nicht mich erwählt hatte. Ein Funken Faszination blieb, und ich hoffte, die Wundergläubigkeit der Portugiesen eines Tages besser zu verstehen.

«Aqui está», rief ich, um Amaliás Fadogesang aus dem Radio zu übertönen. Das Taxi stoppte vor der schäbigsten Fassade in der Calçada Santana. Skeptisch musterte ich mein neues Zuhause und holte mein Handy hervor, um mich zu vergewissern. Es bestand kein Zweifel. Hier war ich richtig. Die krakelig über die Haustür gepinselte Nummer stimmte. Die Fassade schmucklos; kein Vergleich zu den mit bunten Azulejos verzierten Häusern, die rechts und links von «meinem» Haus standen. Ich unterdrückte meinen Pessimismus und stieg aus. Schließlich hatte ich Fotos meines Zimmers gesehen, und die hatten einen guten Eindruck gemacht. Der Taxifahrer wuchtete das Destillat meines Lebens vom Kofferraum auf den Gehweg, wünschte mir alles Gute und fuhr davon. Aus den Augenwinkeln sah ich, wie sich mir ein Typ näherte und nach meinem Koffer griff. «No, no, no», schrie ich, hechtete zu meinem Gepäckstück und drückte den Koffer mit aller Kraft auf den Boden, damit der Fremde nicht damit weglaufen konnte. Aber der junge Mann machte keine Anstalten, mit meinem Gepäck abzuhauen. Er deutete mit einer Kopfbewegung zur Tür, schnappte sich auch den anderen Koffer, und als ich endlich begriff, schleppte er mir auch schon mein Gepäck in den vierten Stock hinauf. Beschämt ächzte ich mit meinem Rucksack hinterher und nahm mir vor, meine Unterstellung mit einem großzügigen Trinkgeld wettzumachen. Ohne Erfolg. Oben angekommen, stellte der Youngster mein Gepäck auf dem Treppenabsatz ab, wünschte mir einen schönen Tag und verschwand so schnell, wie er gekommen war. Ich nahm mir vor, meinen Argwohn künftig im Zaum zu halten. Schließlich hatte ich in Lissabon bisher keine schlechten Erfahrungen gemacht. Ganz im Gegenteil. Die Lisboetas waren freundlich und nicht so verbiestert wie wir Deutsche. Wenn sich hier jemand schlecht benahm, vordrängelte oder betrunken grölte, dann waren es meist die Touristen.

Ich fand keine Klingel, also klopfte ich an die Tür, die so windschief in ihrem Rahmen hing, dass an allen Seiten Ritzen klafften. In der Wohnung rumorte es, und kurz darauf öffnete Regine mir die Tür. «Fuck, welcome, I'm in a fucking hurry. Fucking work, you know, fuck», lächelte sie und tat so, als wäre es normal, so zu sprechen. Sie hatte grüne Augen, ihr kinnlanges Haar war rotblond, und Sommersprossen übersäten ihr Gesicht. Regine stammte aus der Slowakei, war als Erasmus-Studentin nach Lissabon gekommen und hängen geblieben. Tagsüber verpackte sie Dosen mit Ölsardinen, abends ging sie aus. Während sie mir half, mein Gepäck durch den Flur in mein Zimmer zu tragen, prasselten Hunderte von «fucks» wie ein Sturzbach auf mich nieder, den Rest verstand ich nicht. Schon schwang sie sich ihren Mantel über und war durch die Tür. Mir sollte das recht sein. Nach dieser Begrüßung fand ich es besser, mein neues Zuhause allein in Besitz zu nehmen. Mein Zimmer bestand aus zwei kleinen Räumen, die ineinander übergingen. Die Tür fehlte. An ihrer Stelle baumelte eine Jalousie als Raumteiler am Rahmen. Im hinteren Teil füllte ein Doppelbett den Raum. Eine ehemalige Schublade aus Pressholz, deren Furnier abblätterte und die auf einer Seite von Gaffa-Tape zusammengehalten wurde, diente als Nachttisch. Im vorderen Teil des Zimmers standen ein Tisch, ein Sessel und eine Kleiderstange. Ich hievte meinen Rucksack auf die abgewetzte Schreibtischplatte, aber das war ein Fehler. Die Konstruktion kam ins Rutschen. Erschrocken stemmte ich mich dagegen, damit die lose aufgelegte, schwere Platte nicht herunterkrachte. Mein Ärmel wischte eine Kerze zu Boden, die durch den ganzen Raum kollerte und erst von der Zimmerwand gestoppt wurde. Der gesamte Holzboden hatte ein deutliches Gefälle. Vor der Balkontür stand ein Sessel aus den siebziger Jahren. Der speckige Bezug sah aus, als wären Unmengen von Körperflüssigkeiten in seine orange-braun gestreifte Oberfläche gesickert. «Wenn der reden könnte», dachte ich und nahm den Sessel erst einmal genauer unter die Lupe, bevor ich meine Jacke darauf ablegte. Außer ein paar langen blonden Haaren, die ich aus der Ritze des Rückenteils fischte, schien alles in Ordnung. Nicht die Spuren jahrzehntelanger Benutzung glänzten so speckig, sondern lediglich der dunkelbraune Samtbezug. Das Teil schien sogar ganz praktisch zu sein, konnte es doch mit wenigen Handgriffen in eine Matratze verwandelt werden. Ein kühler Luftstrom strich um meine Beine. Ich tastete die Balkontür ab und entdeckte einen fingerdicken Spalt zwischen Tür und Schwelle. Unter dem gelben Flickenteppich, der vor dem Austritt lag, lugten die vergammelten Enden der Dielen hervor. Bei Regen schien Wasser durch den Spalt ins Zimmer zu laufen.

Ich öffnete die Tür und trat auf den schmalen Balkon hinaus. Vor mir präsentierte sich der schönste Blick, den ich bisher in Lissabon gesehen hatte. Zur Rechten lag der Tejo. Weiße Segel funkelten in der Sonne, und Containerschiffe dümpelten im Wasser. Weiße Wölkchen betupften den hellblauen Himmel. Gegenüber, auf der anderen Seite des Rossio, thronte das Convento do Carmo auf einem der sieben Hügel, auf denen die Stadt errichtet worden war, dazwischen orangerote Ziegeldächer in allen Formen und Größen. Die Sperrmülleinrichtung und die vergammelten Holzdielen waren vergessen, denn diese Aussicht war erhebend. Ich zog den Sessel an die offene Balkontür, setzte mich und ließ die Atmosphäre auf mich wirken. Leise schallte der Sound der Stadt zu mir hoch, irgendwo schrien Möwen, und eine Schiffshupe ertönte. Die Sonne hatte Kraft, und meine winterweiße, norddeutsche Haut fing an zu brennen. Einen Sonnenbrand wollte ich nicht riskieren, daher machte ich schnell ein paar Fotos von der Aussicht für meine Freundinnen in Deutschland und erkundete dann den Rest der Wohnung.

Das Bad war ein enges blau gestrichenes Etwas mit einer Discokugel an der Decke, die sich drehte, als ich das Licht einschaltete. Ihre mehrfarbig flackernden Lichteffekte in Kombination mit dem schnarrenden Motorengeräusch nervten mich innerhalb von Sekunden. Lieber pinkelte ich künftig im Dunklen, als beim Gang zur Toilette Kopfschmerzen zu bekommen. Über der Sitzwanne befand sich ein kleines Fenster, dessen Scheibe matt angelaufen war. Auf der Fensterbank davor stand ein verkalktes Aquarium ohne Wasser und schluckte zusätzlich das einfallende Tageslicht. Im Kies steckten staubige und ausgedörrte Sukkulenten, die schon bessere Zeiten gesehen hatten. Passend zum Deko-Thema prangten bunte Korallenfische auf dem speckigen Duschvorhang. Abgesehen von der Discokugel, schien das Bad wie der Sessel auch aus den siebziger Jahren zu stammen; einer Zeit, in der Bäder noch keine Wohlfühloasen, sondern zweckmäßige Orte waren, an denen man sich einfach nur wusch. Die Küche war nicht viel besser: ein dunkler, schmaler Schlauch ohne Fenster, an dessen Ende eine Treppe zu Regines Reich unter dem Dach führte. Außer einer Spüle, einem Herd und einem Kühlschrank gab es kein weiteres Mobiliar. Künftig sollte ich neben einem schmalen Fach im Kühlschrank nicht mehr als das Volumen einer hölzernen Weinkiste für meine Lebensmittel zur Verfügung haben. Dabei liebte ich es, zu kochen und Vorräte im Haus zu haben. Eine der Neonröhren an der Decke flackerte. Die Wandfarbe blätterte von der Decke ab, und die Farbreste verteilten sich auf dem gefliesten Boden. Verbeulte Töpfe, Pfannen mit eingebrannten Speiseresten sowie abgekratzter Beschichtung und verbogene Kochlöffel in verschiedenen Formen und Größen baumelten an einer Stange. Das einzige freie Fleckchen, um Gemüse zu schnippeln, befand sich auf dem mannshohen Kühlschrank, ansonsten gab es keine Arbeitsflächen. Aus Richtung der Spüle roch es nach Abfluss und aufgequollenen Spanplatten.

Regines Zimmer unter dem Dach hatte einen noch schöneren Blick als meines, aber ich musste mich bücken, um nicht an die

Decke zu stoßen, so niedrig war sie. Ich erkannte einige Möbel von den Fotos wieder, die sie mir geschickt hatte. Offenbar hatte Regine sie nur vorübergehend in mein Zimmer gestellt und später wieder zurückgeräumt. Ich ging wieder in mein Zimmer. Mein Reich gefiel mir; ich war in Lissabon, und darauf kam es an. Außerdem hatte ich genau das gewollt: Klarkommen mit dem, was sich mir bot, losgelöst vom Standard, den ich kannte. Der Rest würde sich fügen. Ich warf mich auf mein Bett und gab mich meinem «Lisboa-Feeling» hin, dieser wunderbaren Mischung aus Glück und Lebensfreude, die ich schon von meinem ersten Aufenthalt kannte. Das Schlagen einer Kirchturmuhr ließ mich hochschrecken. Noch in Deutschland hatte ich einen Termin in dem Studio vereinbart, in dem ich meine Metamorphose zur «Frau Frau» zum ersten Mal durchlebt hatte. Nun hieß es volle Kraft voraus, bevor der Zahn der Zeit den Aufwand zur Herstellung einer harmonischen Optik zu aufwendig machte. Schließlich war ich seit kurzem über meine Lebensmitte hinaus. Das, was hinter mir lag, war definitiv länger als das, was noch kam. Nicht unbedingt ein Alter, um neu anzufangen, noch dazu in einem fremden Land – eher die Zeit, um ein erstes Resümee zu ziehen oder sich mit den erarbeiteten Lorbeeren etwas zu gönnen, so wie es meine Freundinnen taten, die auf die Malediven jetteten, große Autos fuhren oder Eigenheime besaßen. Von solchen Aktivitäten war ich Lichtjahre entfernt. Aber das Leben war unberechenbar. Diese Lektion hatte ich zumindest in den letzten Jahren gelernt.

Fröhlich summend verließ ich das Haus. Der Duft von nepalesischem Essen zog durch die Calçada Santana, und mir lief das Wasser im Munde zusammen. Das Viertel wirkte wie ein Dorf; vor den Geschäften standen Leute, tranken Kaffee oder hielten ein Schwätzchen. «Olá, vizinha», «Hallo, Nachbarin», grüßten sie mich, obwohl wir uns noch nie gesehen hatten. «Olá, vizinhos», grüßte ich zurück und fühlte mich geehrt und wie eine Einheimische. In unserem Dorfladen in der schleswig-holsteinischen Provinz konnte ich froh sein, wenn mein Gruß überhaupt erwidert wurde, von einem Zeichen des Wiedererkennens nach zehn Jahren treuer Kundschaft ganz zu schweigen. Während ich die Straße Richtung Zentrum hinunterging, reiste ich durch die ganze Welt. Da waren nepalesische und indische Restaurants, afrikanische Schneidereien und portugiesische Bäcker. Afrikanische Frauen saßen in traditionellen Gewändern auf Gemüsekisten und boten getrocknete Bohnen, Süßkartoffeln und Okraschoten feil. An einigen Häusern hingen Schilder mit arabischen Schriftzeichen, an anderen welche mit aufgemalten Frisuren, wie ich sie von meinen Reisen nach Afrika kannte. Vor der Bar «A Ginjinha» stand eine Touristengruppe mit einem Guide, der sie über Geschichte und Herkunft des Likörs informierte. Ihre Gesichter leuchteten wie der knallrote Sauerkirschschnaps in ihren Gläsern. Ausgespuckte Kirschkerne übersäten den Boden. Seit über 150 Jahren wurde hier ausschließlich der «Ginjinha» ausgeschenkt. Der Kellner passte zur Tradition der Bar und hätte in Deutschland nirgendwo mehr in Lohn und Brot gestanden.

Meine Sohlen erzeugten ein schmatzendes Geräusch auf dem klebrigen Boden, als ich an den Tresen der winzigen Jugendstilbar trat. Ich legte einen Euro auf den ebenfalls klebrigen Tresen, nahm mein Schnapsglas und ging hinaus. Die Sonne verschwand gerade hinter den Häusern. Auf einmal wehte eine kräftige Brise durch die Häuserschluchten vom Tejo hinauf. Ich hielt nach einem sonnigen Plätzchen Ausschau, balancierte mit meinem Gläschen über das holprige Pflaster der Straße, die den Rossio umrundete, und setzte mich auf den Springbrunnen in der Mitte des Platzes. Hier lugte die Sonne noch über den Arco do Bandeira, dem Torbogen am Anfang der Rua dos Sapateiros, und ihre Strahlen wärmten mein Gesicht. Touristen mit Selfiesticks balancierten auf der steinernen Umrandung des Brunnens auf der Suche nach dem besten Schnappschuss. Ab und an wehten ein paar Wassertropfen in meinen Nacken. Das Rauschen der Fontäne überlagerte den Lärm des Verkehrs. «Auf meine Zukunft», prostete ich, und der Schnaps brannte sauer in meiner Kehle. Wie es Tradition war, spuckte ich den Kern auf den Boden, stand auf und schlenderte zum Kosmetikstudio. Zwei Stunden später blickte mir wieder das Bambi mit den extralangen Wimpern aus dem Spiegel entgegen. «Geh deinen Weg, Lady», fiel mir der Titel eines fiktiven Selbstverwirklichungskurses ein, den mein Mann und ich uns vor langer Zeit ausgedacht hatten. «Genau das werde ich jetzt tun», schmunzelte ich und ließ meine knallroten Nägel in der Abendsonne leuchten. Glücklich, aber erschöpft ging ich nach Hause. Ich sehnte mich nach Ruhe und meinen eigenen vier Wänden. Mit dem heutigen Tag begann eine neue Ära. Das hieß, am nächsten Morgen früh aufstehen. Ich war schließlich nicht im Urlaub. Mein Manuskript musste fertig werden, damit meine literarische Agentur es an einen Verlag verkaufen konnte. Eine Liebesgeschichte im Imkermilieu sollte es werden. Damit kannte ich mich aus. Neben meiner Honigmanufaktur sollte mich das Buch zumindest für ein paar Monate finanzieren. Meiner Agentin gefielen die paar Probeseiten, die ich ihr geschickt hatte. Jetzt hieß es schreiben, schreiben, schreiben, damit ich ihr schnellstmöglich 100 Seiten liefern konnte.

Ich wachte auf, als es hell wurde; noch gab es keine Gardinen vor der Balkontür. Ich schwang meine Beine über die Bettkante und stand auf. Auf dem Weg zum Balkon fühlte ich mich, als wäre ich betrunken. An das Gefälle des Holzbodens musste ich mich erst gewöhnen. Ich öffnete die Tür, um frische Luft reinzulassen, und schlüpfte in mein warmes Bett zurück. Mein Blick schweifte durch mein Reich, und ich überlegte, wie ich es einrichten könnte. Außer dem Bett und dem Sessel musste der Rest raus, so viel war sicher. Mir fiel ein, dass ich kurz vorm Aufwachen etwas Merkwürdiges geträumt hatte. Ich nahm mein Tagebuch, in das ich bisher die Briefe an meinen Vater geschrieben hatte, blätterte ein paar Seiten weiter, um einen neuen Anfang zu finden, und schrieb «LISSABON – Beginn meiner neuen Zukunft». Für einen Moment knabberte ich nachdenklich an meinem Stift herum, dann begann ich zu schreiben:

Liebes Tagebuch, ich habe geträumt, dass ich ein menschliches Wesen auf die Welt bringe. Die Geburt habe ich nicht erlebt, es war einfach da. Ich habe es von außen gesehen, wusste aber, dass ich es war, die das Wesen auf die Welt gebracht hat. Es sah aus wie ein Baby, nur kleiner. So etwas habe ich noch nie geträumt. Ich habe nach einer Deutung gegoogelt. Das passte perfekt: Wenn der Mensch sein Leben ändert, eine neue Einstellung gewinnt oder ein neues Vorhaben begonnen hat oder auch, wenn ihm klarwird, dass Altes stirbt, dann träumt er von einer Geburt. Geburt steht für einen Neubeginn. Das Symbol verspricht die Verwirklichung von Zielen. Die Geburt ist ein neuer Anfang, wo der Träumende noch einmal Gelegenheit erhält, Schlüsse aus seinem bisherigen Leben zu ziehen.

Es war Liebe auf den ersten Blick, als ich auf der Suche nach einem ruhigen Arbeitsplatz eher zufällig eine Entdeckung machte: einen Palast aus dem 17. Jahrhundert, der eine öffentliche Bibliothek beherbergte. Sie trug den Namen des Dichters Luís de Camões, der mit «Os Lusiadas», einem Epos, in dem er die Entdeckung des Seeweges nach Indien durch Vasco da Gama beschrieb, eines der wichtigsten Werke der portugiesischen Literatur geschrieben hat. Schon kurz bevor die Bibliothek morgens ihre Türen öffnete, trat ich vom Largo do Calhariz durch das große Portal in die Stille des Palastes aus dem 17. Jahrhundert. Ein Wandbild aus blau bemalten Azulejos mit Szenen höfischen Lebens verzierte die meterhohen Wände des Entrees, das so groß war, dass zu früheren Zeiten ganze Kutschen hindurchgepasst hatten. Zwei metallene Kandelaber flankierten die Marmortreppe, die zur Bibliothek im ersten Stock führte. Eine öffentliche Bibliothek wie diese war in Deutschland undenkbar. Allein das fehlende Treppengeländer der breiten Freitreppe hätte wahrscheinlich aus versicherungstechnischen Gründen für Probleme gesorgt, von den kreuz und quer durch die Lesesäle verlaufenden Kabeln, die die ausgetretenen Holzböden wie Fußangeln überspannten, ganz zu schweigen.

In einer Nische des Eingangs kurz vor der Treppe stand ein Schreibtisch, an dem ein älterer Herr saß. Er löste Kreuzworträtsel oder las, gab Auskunft über die Bibliothek oder das Gebäude. Seine Brille hatte die dicksten Gläser, die ich jemals gesehen hatte; eines seiner Augen schielte nach rechts, das andere nach links. Wie bei mir manchmal, vielleicht fühlte ich mich auch deswegen mit ihm verbunden. Sein Haar war schütter, seine Gestalt hager. Die viel zu große Uniform des Wachdienstes schlackerte um seinen schmalen Körper. Jedes Mal, wenn ich den Palast betrat und die ausgetretenen Stufen hinaufging, lächelte ich ihm zu und wünschte ihm einen schönen Tag. Nach einer Woche begrüßten wir uns mit Beijinhos, jenen angedeuteten Küsschen links und rechts auf die Wange, mit denen die Portugiesen Freunde und Familie begrüßten. Mario war belesen und kannte sich gut mit portugiesischer Literatur aus. Er empfahl mir Saramago, Pessoa,

Eça de Queiroz und andere Autoren und verwickelte mich in lange Gespräche, aus denen ich mich nur schwer befreien konnte.

Um diese Jahreszeit füllten sich die Plätze zügig. Die wenigsten Häuser besaßen eine Heizung, und die Bibliothek war geheizt. Viele Studenten kamen zum Lernen hierher. Mein Lieblingsplatz an einem der beiden großen Tische in der Mitte des Lesesaales war meistens noch frei; meine deutsche Pünktlichkeit erwies sich als hilfreich. Von hier aus konnte ich beim Nachdenken in den Himmel schauen und hatte den ganzen Raum im Blick. Die holzverkleideten Säle mit den deckenhohen Bücherregalen strahlten Intellektualität aus, und ich hoffte, dass ein wenig davon auf mich abfärbte. Üppiger Stuck verzierte die Decken. Ein Kamin mit einem riesigen Spiegel darüber schmückte eine Schmalseite, und die beiden deckenhohen Fenster boten einen phantastischen Ausblick über die Dächer von Santa Catarina und den Tejo. Von der Straße drangen Kindergeschrei, Hupen oder das Bimmeln der Seilbahn «Funicular da Bica» in die konzentrierte Stille der Bibliothek. Der Duft von gerösteten Maronen zog durch ein offen stehendes Fenster in meine Nase. Mein Magen knurrte und klang dabei wie ein brüllender Löwe. Ich spannte meinen Bauch an, um das Geräusch zu unterdrücken, und blickte verstohlen über die Köpfe der Anwesenden, die tief über ihren Büchern und Heften hingen. Niemand nahm Notiz von mir. Finger flogen über Tastaturen, und alle schienen zu wissen, was sie taten – außer mir. Seit drei Stunden saß ich vor meinem Laptop und hoffte auf eine Eingebung, aber außer mit einer Freundin Nachrichten auszutauschen oder im Internet zu surfen, tat sich nicht viel. Manchmal schrieb ich einen Satz in mein Manuskript, löschte ihn und schrieb ihn erneut. Mein Output hing von meiner Tagesform ab, und die war nicht vorhersehbar. An einem Tag lief es gut, und ich hoffte, der Knoten wäre geplatzt. Am nächsten Tag ging das

Elend von vorne los. In meinem Kopf herrschte Schwärze. Dieses Projekt schien wie ein viel zu großer Mantel, in den ich niemals hineinwachsen würde. Aber jetzt war es zu spät; ich war schon zu weit, um aufzugeben. Außerdem brauchte ich das Buch. Es war mein Halt, mein Anker und sollte mich zudem ein paar Monate finanzieren.

Schon zum dritten Mal lief Mario auf einem seiner stündlichen Rundgänge an mir vorbei. Sein Job in der Bibliothek war eintönig. Er hatte nichts zu tun. Die Leute mieden laute Gespräche und liefen auf Zehenspitzen über den Dielenboden. Wenn unsere Blicke sich trafen, zwinkerte ich ihm zu, beugte mich über meinen Laptop und tat, als würde ich schreiben. Dabei tippte ich nur Blödsinn. Ich schrieb darüber, dass mir nichts einfiel und wie ich auf die blöde Idee kommen konnte, einen Roman schreiben zu wollen, noch dazu einen historischen.

Eine Stunde später näherten sich Marios Schritte wieder. Die Anzahl der Wörter in meinem Manuskript war gesunken, anstatt zu steigen. Ich gab auf, klappte meinen Laptop zu und bat Mario, darauf aufzupassen. Mit hängenden Schultern schlich ich aus dem Lesesaal und verließ die Bibliothek. Touristen verstopften den Bürgersteig, während sie auf die Eléctrico 28 in Richtung Prazeres warteten. Ich quetschte mich durch die Menge und bog in die Rua Marechal Saldanha. Die kleine Straße, die zum Miradouro de Santa Catarina führte, war wie immer voller Menschen. Afrikaner lungerten an Hausecken und boten mir Gras, Kokain oder Hasch an. Geschäftsleute in Anzug und mit Aktentasche eilten im Zickzackkurs durch die Menge, die zum Miradouro pilgerte. Einige Touristen trugen T-Shirt, Shorts und Flipflops, als sei Sommer. Dabei war es Winter, und ein kalter Wind zog durch die Straßen. Alle Stühle am Quiosquo waren besetzt. Ich setzte mich auf einen von der Sonne aufgewärmten Stein unterhalb der

Statue des Adamastor. Der Blick war mir egal. Für mich herrschte Alltag, und der konnte überall auf der Welt gut oder schlecht sein. Heute war er schlecht. Vielleicht fielen plötzlich Worte oder ganze Sätze vom Himmel, die ich nur noch niederzuschreiben brauchte, dachte ich. Aber außer ein paar Wölkchen, die vorüberzogen, tat sich nichts.

Seit drei Wochen trat ich auf der Stelle. Von meinem euphorischen «Lisboa-Feeling» der ersten Wochen war nicht viel geblieben. Dabei war ich diszipliniert, ging früh schlafen, stand früh auf und ging täglich in die Bibliothek. Sogar am Wochenende suchte ich mir ein Café oder arbeitete zu Hause. Trotzdem kam ich nicht weiter, und ich ahnte, woran es lag. Mir mangelte es an Selbstvertrauen. Ich glaubte mir selber nicht, dass ich das, was ich wollte, auch konnte. Mir fehlte jemand, der mir Mut machte, mich ermunterte und, wenn nötig, auch mal an die Hand nahm. Diese Rolle hatte jahrelang mein Mann übernommen, und nun musste ich meinen Weg alleine gehen. Das war schwerer, als ich gedacht hatte.

Eine halbe Stunde später ging ich zurück. Mario saß an seinem Schreibtisch an der Treppe und las «Viagem a Portugal» von José Saramago. Als er mich kommen sah, holte er meinen Laptop unter seinem Tisch hervor und hielt ihn mir entgegen. Dann überlegte er es sich anders, ließ meinen Computer wieder unter dem Tisch verschwinden und löcherte mich mit Fragen zu meinem Buch. Widerwillig erzählte ich ihm von der Liebesgeschichte von Theresa und Luis. Je mehr ich redete, desto lebendiger wurde die Geschichte, und die Worte sprudelten nur so aus mir heraus. In meiner Phantasie sah ich, wie Theresa bei Kerzenlicht am Esstisch in der Wohnstube saß, ihre Feder in ein Tintenglas senkte und einen Brief schrieb. Ich fühlte die Hitze des Ofens auf ihren Wangen und hörte den Sturm, der am Reetdach des Hauses zerrte. Marios Augen leuchteten. «Escreva rápido, quero ler seu livro em breve», «Schreib schnell, ich will dein Buch lesen», sagte er und gab mir endlich meinen Laptop zurück. Ich griff zu und rannte die Treppe hoch, bevor er es sich anders überlegte und mich weiter ausquetschte. Ich setzte mich wieder an meinen Platz und suchte nach einem Einstieg. Die Minuten verstrichen. Ich schloss meine Augen und dachte an Mario und seine leuchtenden Augen, als er mir gelauscht hatte. Sein Interesse an meiner Geschichte hatte mir gutgetan und meine Figuren zum Leben erweckt. «Lieber Mario», schrieb ich zum Einstieg und stellte mir vor, mit ihm zu sprechen. Auf einmal hatten meine Gedanken einen Adressaten und fügten sich zu Sätzen. Aber mein Flow hielt nicht lange an. Unsicher, ob das, was ich geschrieben hatte, etwas taugte, löschte ich alles wieder und schickte eine verzweifelte Mail an meine Literaturagentin. «Sei mutig und schreib schlecht. Lies dir erst am nächsten Tag durch, was du geschrieben hast», schrieb sie mir prompt zurück. Ihre Worte motivierten mich. «Okay, schlecht schreiben kann ich hervorragend», grinste ich, setzte mir meine Kopfhörer auf und versuchte, wieder an Marios leuchtende Augen zu denken. Als er eine Stunde später um die Ecke bog, zählte ich die Wörter. Es waren über 100. Zwei Stunden später hatte ich schon 200 Wörter zu Papier gebracht. Mit Mario als Pacemaker konnte ich täglich zwei bis drei Seiten schaffen, rechnete ich, und das klang für mich wie ein Aufbruch in eine neue Dimension. Erleichtert und mit dem Gefühl, wenigstens ein paar Tricks zu haben, mit denen ich mich aus den schwarzen Löchern ziehen konnte, in denen ich immer wieder feststeckte, verließ ich die Bibliothek. Mario war schon weg. Ich klopfte mit meiner Faust auf die Tischplatte seines Schreibtisches, damit er mir auch künftig Glück brachte, und lief beschwingt auf der Calçada do Combro Richtung Madragoa.

Die Stadt leuchtete im orangefarbenen Licht der Straßenlaternen, und der Himmel strahlte schwarzblau. Schwatzende und hübsch gekleidete Pärchen eilten an mir vorbei, Restaurants füllten sich, und die Lisboetas läuteten die Nacht ein. «Many men's place» nannte ich das portugiesische Restaurant, das fast nur von Bauarbeitern, Handwerkern oder Lieferanten besucht wurde und in das ich geladen hatte, um meine Ankunft in Lissabon zu feiern. Ich mochte das simple Restaurant, in das sich kaum Touristen verirrten. Die Preise waren niedrig und das Essen passabel. An den Schmalseiten des rechteckigen Raumes hingen riesige Fernseher, auf denen ein Fußballspiel flimmerte. Die Blicke der Gäste klebten an den Bildschirmen. Stimmengewirr hallte durch den gekachelten und neonbeleuchteten Gastraum. Ab und zu ging ein Stöhnen oder Raunen durch den Saal, wenn ein Ball im Aus landete oder ein Tor zum Greifen nah schien und der Ball doch danebenging. Trotz des Fußballspieles hefteten sich die Blicke der Bauarbeiter auf mich, die mit schmutzigen Arbeitsklamotten und wettergegerbten Gesichtern müde über ihren Tellern hingen, während ich mich durch die engen Reihen zu meinem Tisch quetschte. Erst als ich saß und mit der Menge verschmolz, war das Spiel wieder spannender. Nach und nach trudelten die Mädels ein, die ich von meiner ersten Reise kannte. Was ich als eine simple organisatorische Frage betrachtet hatte, war zu einem Lehrstück in Sachen Gelassenheit geworden, denn meine deutsche Planungswut war auf Unverständnis gestoßen, niemand legte sich hier lange im Voraus fest. Mehrmals am Rande des Nervenzusammenbruches und kurz vorm Aufgeben, hatte ich es endlich geschafft, neun Nationalitäten mit neun verschiedenen Auffassungen bezüglich Verbindlichkeit und Pünktlichkeit zu koordinieren. Neben Rita aus Brasilien kamen eine Mexikanerin, eine Japanerin, eine Spanierin, eine Afrikanerin, ein Argentinierin, eine Niederländerin und eine Portugiesin. Wir sprachen «Penglisch», wie ich unser Kauderwelsch aus Portugiesisch und Englisch nannte, und wechselten zu Englisch, wenn das Gespräch stockte. Mein Organisationsfrust war vergessen, und ich genoss die fröhliche Runde. Auf solche Geselligkeiten hatte ich in der Einsamkeit des Landlebens viel zu lange verzichtet und konnte jetzt nicht genug davon bekommen. Auf einmal bemerkte ich, wie Penelope neben mir finster auf ihre Kartoffel einstach. Sie kam aus Guinea-Bissau, einer ehemaligen portugiesischen Kolonie in Afrika, von der ich vorher noch nie gehört hatte, und lebte schon viele Jahre in Lissabon. «What did the poor potato do to you?», fragte ich und vermutete, dass sie ihr nicht schmeckte. «It's no potato. It's my boyfriend. He left me and now he has to suffer», fauchte sie, und ich rückte sicherheitshalber etwas ab. Konnte ich sicher sein, dass ihr Voodoozauber nicht plötzlich mich traf, nur weil ich zur falschen Zeit am falschen Ort war? Erst als Penelope ihre Kartoffel zu Püree verwandelt hatte, war sie zufrieden. Sie zwinkerte mir zu und aß ihren Teller samt der zermatschten Kartoffel leer. «He deserves the pain», raunte sie, überzeugt davon, dass ihr Zauber ihn erreicht hatte. Ich tat so, als würde ich ihr zustimmen, dabei glaubte ich nicht an den Hokuspokus. Dafür war ich zu rational – bis jetzt. Durchlässiger werden, vergrabene Emotionen heben und meine Spiritualität entdecken, danach sehnte ich mich, und Lissabons Vielfalt an Kulturen und Religionen konnten da nur inspirieren. Dem Voodookult zu frönen gehörte zwar nicht zu meinen favorisierten Zielen, als ich jedoch ein paar Wochen später von einer hoffnungsvoll begonnenen Liebschaft abgesägt wurde, besann ich mich auf den Kartoffeltrick. Ich stellte mir vor, die knollige Kartoffel sei seine Nase, und ich stach mit einem Holzspieß kräftig auf sie ein. Ob der Typ etwas spürte, wusste ich zwar nicht, aber ich fühlte mich zumindest etwas erleichtert.

Auf einmal hielten sich ein paar der Mädels ihre Handflächen vor die Nase, fuhren mit den Fingern über die Linien und analysierten, was sie sahen. Neugierig hielt ich Rosa aus Mexiko meine Handfläche hin und wartete auf ihre Prophezeiung. Sie legte ihre Stirn in Falten und schnalzte mit der Zunge. «What? Tell me! What do you see?» Ich befürchtete Schlimmes. Sah sie, wie ich unter einer Brücke schlief, verarmt und allein, so wie ich es immer häufiger träumte? Schon bereute ich, mich auf den Quatsch eingelassen zu haben, aber es war zu spät. Rosa ließ sich Zeit, strich über meine Handfläche und bog sie auseinander, um im Neonlicht besser sehen zu können. «You will soon meet your great love. You were a princess in a previous life and your great love not befitting. But now the both of you are born again – Bald wirst du deiner großen Liebe begegnen. Du warst in einem früheren Leben eine Prinzessin und deine große Liebe nicht standesgemäß. Jetzt seid ihr wiedergeboren. Du wirst ihn erkennen, wenn du ihn triffst», sagte Rosa und beglückwünschte mich zu meinen positiven Aussichten. Insgeheim atmete ich auf, dass sie keine Brücke erwähnt hatte. «Dulce Vagina hat gesprochen, howgh», dachte ich und hatte Rosas Prophezeiung schon vergessen, bevor der Abend endete.

Spät in der Nacht, als das Restaurant schloss und die erschöpften Köche ihre Schürzen ablegten, um am Tresen ein Feierabendbier zu trinken, zogen Rita und ein Teil der Mädels ins Bairro Alto zum Tanzen. Ich verabschiedete mich und ging nach Hause. Am nächsten Tag wollte ich einigermaßen fit sein, in der Hoffnung, wieder in den Schreib-Flow vom Vortag zu kommen. Auf dem Heimweg geisterten mir Rosas Sätze plötzlich wieder im Kopf umher, und kurz entschlossen kaufte ich mir in einer Bar einen Caipirinha und machte einen Schlenker zum Convento do Encarnação. Ich setzte mich auf eine der Bänke, die zu meinen kissing spots gehörten, und trank auf Rosas Prophezeiung und ihre baldige Erfüllung.

Mambo sawa sawa

Der Regen prasselte vom Himmel. Vorsichtig schlitterte ich über den spiegelglatten Bürgersteig. Die Calçadas Portuguesas, die mit hellen und schwarzen Steinen gepflasterten Gehwege, die bei Trockenheit wunderschön aussahen, verwandelten sich bei Regen in gefährliche Rutschbahnen. Ich war schon ein paarmal hingefallen, daher wurde ich lieber nass, als einen Sturz zu riskieren. Eine verstauchte Hand oder andere Verletzungen konnte ich nicht gebrauchen. Kleine Bäche rauschten durch die Rinnsteine und verschwanden gurgelnd in der Kanalisation. Menschentrauben drängten sich unter den Markisen von Cafés und Geschäften und warteten, dass der Schauer vorüberzog. Aus dem Nichts tauchten fliegende Händler mit Regenponchos und Schirmen auf und versuchten, schnelles Geld zu machen. Das Regenwasser drang durch das Leder meiner Schuhe, und meine Füße wurden feucht. Mein Filzmantel sog sich voll und hing schwerer über meinen Schultern. Das Wetter änderte sich um diese Jahreszeit schnell. Gerade noch schien die Sonne, und kurz darauf regnete es wie aus Kübeln. War der Spuk vorbei, trocknete die Sonne die Bürgersteige innerhalb von Minuten. Schützend hielt ich meinen Rucksack über den Kopf und versuchte, unter dem Regen hindurchzuschlüpfen.

Mario saß an seinem Schreibtisch und löste ein Kreuzworträtsel. Als er mich sah, stand er auf, wartete, bis ich mich wie ein nasser Hund geschüttelt hatte, und half mir aus meinem Mantel. Dann hängte er ihn zum Trocknen über die Heizung hinter sein Pult. Mario wirkte schmaler und blasser, aber vielleicht bildete ich mir das auch nur ein. Er war nicht so gesprächig wie sonst. Meinen Fragen wich er aus und gab vor, alles wäre in bester Ordnung. Schon ein paarmal hatte ich erlebt, dass Portugiesen ihre Sorgen lieber für sich behielten, als andere damit zu belasten, aber ich ließ nicht locker. Endlich erzählte er mir, dass er die Camões-Bibliothek Ende des Monat verlassen und in einem Vorort von Lissabon Dienst tun würde. Mario entschuldigte sich, dabei konnte er gar nichts dafür. Bestürzt lauschte ich seinen Worten. Er war mein Verbündeter im Ringen um jeden Satz, und er gab mir ein Gefühl von Zugehörigkeit. Auch seinetwegen liebte ich die Bibliothek. Nur noch drei Wochen, rechnete ich, dann war er weg. In Deutschland würde man einen Protest anzetteln, eine Unterschriftensammlung organisieren oder eine andere Form von Widerstand leisten, aber hier war das nicht üblich und schon gar nicht wegen so einer Sache. Mario wurde schließlich nicht gefeuert, sondern nur versetzt. Außerdem war ich wahrscheinlich die Einzige, die ihn vermissen würde. Traurig ging ich an die Arbeit. Als er auf seinen Rundgängen an mir vorbeikam, tat ich so, als wäre ich auf mein Manuskript konzentriert, oder rang mir ein Grinsen ab. Schon wieder spielte ein älterer Herr in meinem Leben eine wichtige Rolle, sinnierte ich und dachte an meine Begegnung mit Bernie, der mir vor über zehn Jahren das Imkern beigebracht und seine Bienenstöcke vererbt hatte. Mein Leben hatte durch Bernie eine neue Wendung genommen. Mit Mario hatte ich zwar nicht so viel Kontakt wie mit Bernie damals, aber irgendwie hatte er für mich eine ähnliche Funktion. Seine Präsenz und sein Interesse taten mir gut und waren eine Art Vaterersatz. Er war mein einziger Vertrauter, wenn es um mein Buch ging, auch wenn er es nie würde lesen können, und ich wollte ihn nicht enttäuschen. Wenn ich täglich drei bis vier Seiten schrieb, dann konnte ich bis zu Marios Versetzung mit meinen Probeseiten fertig sein, rechnete ich und nahm mir vor, dieses Ziel zu erreichen.

Die Zeit flog nur so dahin, und mein Manuskript wuchs. Ich hatte zwar nach wie vor Phasen, an denen ich mehr aus dem Fenster schaute oder Tinder nach der von Rosa versprochenen «Big Love» durchsuchte, aber das brachte mich nicht mehr aus dem Konzept, und ich wusste, dass der nächste Tag besser würde.

Dann kam Marios letzter Arbeitstag. Er saß in der viel zu großen Uniform an seinem Schreibtisch und las, als ich in das dunkle Entree des Palastes bog. Alles wirkte wie immer. Mit roten Wangen überreichte ich Mario die kleine Papiertüte mit einem Glas Flügelchen-Honig und meinem Buch «Die Honigfrau» und stammelte, wie sehr ich ihn vermissen würde. Heimlich kniff ich mir in den Daumen, um nicht zu sentimental zu werden. Verlegen wie ein Teenager schaute Mario zu Boden, als ich ihm erzählte, wie gern ich mit ihm geplaudert und wie sehr mir seine Rundgänge geholfen hatten, in meinen Schreibrhythmus zu finden. «This belongs to the library», murmelte er, während er mein Buch aus der Tüte fischte, das Cover betrachtete und die Widmung las, die ich in meinem Anfänger-Portugiesisch und mit Hilfe des Google-Übersetzers hineingeschrieben hatte. Er deutete eine Verbeugung an und zog für mich eine englische Ausgabe ausgewählter Gedichte von Fernando Pessoa unter seinem Pult hervor. Gerührt umarmte ich ihn und nahm mir vor, ihm ein Exemplar meines historischen Romans zu schicken, falls er jemals fertig werden sollte. Wir wünschten einander einen schönen Tag und gingen an die Arbeit. An diesem Tag machte Mario keine Rundgänge durch die Lesesäle. Als ich zum Mittagessen nach draußen ging, war sein Platz leer und Mario schon weg.

Abends packte ich meine Sachen zusammen und wollte gerade den Lesesaal verlassen, als eine der Damen von der Ausleihe mich zu sich winkte. Wir gingen in einen kleinen Flur abseits der großen Säle und hielten vor einem Regal mit internationaler Literatur. Neben englischen und französischen Werken gab es auch ein Regal mit deutschen Büchern. Strahlend zog sie das Buch, das ich Mario nur ein paar Stunden zuvor überreicht hatte, aus der Reihe. Auf dem Buchrücken klebte eine Bibliotheksnummer, und im Inneren befand sich ein Stempel der Bibliotheca Camões. Gerührt und auch ein wenig stolz steckte ich mein Buch ins Regal zurück und hoffte, dass hier bald ein weiteres Buch von mir stehen würde. Traurig, aber auch dankbar für die Begegnung mit Mario ging ich nach Hause. Ich sah ihn nie wieder.

Am Montag saß ein anderer auf Marios Platz. Der neue Wachmann trug ein Piercing in der Augenbraue, und an seinem Hals züngelte ein Tattoo unter seiner Jacke hervor. Er spielte mit seinem Handy und reagierte nicht, als ich ihn grüßte. Mit Mario war für mich das Herz der Bibliothek verlorengegangen. Künftig suchte ich mir andere Orte zum Arbeiten. Ich ging in die Bibliothek der Cinemateca Portuguesa oder in die Biblioteca Palácio Galveias. Nirgendwo traf ich auf jemanden wie Mario. Die Camões-Bibliothek betrat ich nur noch selten und wenn, dann nur, um mein Buch aus dem Regal zu ziehen, mir Mut zu machen und mich neu auf mein Ziel einzuschwören.

Knapp zwei Wochen nach Marios Versetzung hatte ich es endlich geschafft. Ich schrieb den letzten Satz meiner 100 Probeseiten und sendete sie meiner Agentur. «I did it!!!», tippte ich aufgewühlt in mein Handy und sendete die kurze, aber vielsagende Nachricht meinen Freunden in Deutschland. Pling, pling, pling – kurz darauf ploppte eine Gratulation nach der anderen auf. Ab jetzt ging es bergauf. Meine Zukunft lag klar vor mir und fühlte sich gut an. Ich würde mein Buch schreiben, vom Vorschuss und den Einnahmen aus meiner Honigmanufaktur leben können – und während des Schreibens hätte ich genug Zeit, um zu überlegen, in welche Richtung es in meinem Leben grundsätzlich gehen sollte. Bestimmt würde ich bald eine neue Liebe finden, und dann sähe die Welt sowieso ganz anders aus. Am liebsten hätte ich vor Freude und Stolz gejauchzt, aber das traute ich mich nicht. Ich sehnte mich nach Geselligkeit, daher ging ich zum Miradouro de Santa Catarina. Dort, wo ich vor zwei Jahren mit Rita gesessen und geträumt hatte, eines Tages in Lissabon zu leben. Auf dem Platz spielte eine brasilianische Combo. Ein paar Leute wiegten sich zur Musik. Wie immer war die Stimmung entspannt, und Wolken von Hasch waberten über meinen Kopf. Ich kaufte mir Bier und ein paar Nüsse und quetschte mich auf eines der letzten freien Plätzchen irgendwo in der Menge.

«Das Leben ist einfach wunderbar!», seufzte ich gefühlsduselig, inhalierte die haschgeschwängerte Luft und beglückwünschte mich, nach Lissabon gegangen zu sein.

«Tut mir leid, wir haben momentan andere Prioritäten. Wir haben uns gegen dein Manuskript entschieden», sagte die Agentin, als ich sie eine Woche später anrief, um mit ihr über mein Buch und das weitere Vorgehen zu sprechen. Ungeduldig hatte ich auf ihre Rückmeldung gewartet und fast stündlich meine Mails kontrolliert. Ein Tag nach dem anderen verging, ohne dass sich etwas tat. Ich wurde zusehends nervöser, zwang mich aber zur Besonnenheit. Sie betreute schließlich noch andere Autoren. Nach einer Woche hielt ich es nicht mehr aus. Mit zittrigen Fingern und einem Herzen, das wie ein Presslufthammer wummerte, wählte ich ihre Nummer.

«Dumm gelaufen. Ich muss Schluss machen. Hier ist der Teufel los», hörte ich noch, dann war die Verbindung abgebrochen. «Tschüs», sagte ich mehr zu mir selber, sank auf den Sessel, der vor meiner Balkontür stand, und starrte ins Nichts. «Dagegen entschieden?», echoten die Worte in meinem Gehirn und katapultierten mich von meiner «Ich schreibe ein Buch in Lissabon»-Wolke in den freien Fall. Mein Magen fühlte sich an, als hätte das Pferd meines Vaters hineingetreten. Alles, was mir Orientierung und Halt gegeben hatte, fiel wie ein Kartenhaus in sich zusammen – und ich gleich mit. Mein Inneres war wie ein schwarzes Loch. Mein Blut rauschte in den Ohren, und dann rasten vor meinem inneren Auge wie in einem Zeitraffer die letzten Monate ab, als hieße es, Abschied zu nehmen. «Hilfe, ich bin am Ende», jammerte meine innere Stimme. «Das kann nicht wahr sein. Das können die nicht machen!»

Ich nahm mein Handy und suchte die Mail, die mir meine Agentin ein paar Monate zuvor geschrieben hatte. Nein, ich hatte mich nicht geirrt – was da stand, war eindeutig: «Schicke mir deine Seiten bis Ende März, dann wickeln wir den Buchvertrag ab!» Ich hatte mir ihre Zusage, die mich veranlasst hatte, den Schritt nach Lissabon zu wagen und massenhaft Zeit, Energie und Geld in das Projekt zu stecken, nicht eingebildet. Ich sprang auf, tigerte durch mein Zimmer und trat mit Wucht gegen den Sessel. Er rutschte gegen den Schreibtisch und brachte eine der Stützen zum Fallen. Die lose aufgelegte Platte fiel samt meinem Manuskript zu Boden. Ein paar Seiten flatterten bis auf den Balkon, und eine Windböe riss sie mit sich. Ich stürzte nach draußen, um sie einzusammeln, konnte aber nur noch dabei zusehen, wie die Seiten langsam gen Calçada Santana segelten und auf der Straße landeten. Ein paar Autos fuhren darüber, sie wirbelten wieder auf, bis sie schließlich zerknittert im Rinnstein landeten. Zornig raffte ich den Rest der Seiten vom Boden auf und warf sie den anderen hinterher. Wie weiße Schmetterlinge flatterte meine Arbeit der letzten Monate durch die Luft. Ich verzog mich vom Balkon, um nicht als Verursacherin des Blättersturmes identifiziert zu werden. Wütend und enttäuscht packte ich ein Kissen und knallte es gegen die einzige freie Stelle an einer der Wände. Hinter mir fiel etwas vom Regal und kollerte über die abschüssigen Dielen. Ich wollte schreien, traute mich aber nicht. Über, unter, neben mir, überall wohnten Menschen, und die Wände waren dünn. Also begnügte ich mich damit, das Kissen gegen die Wand zu schlagen, bis Putz auf den Boden rieselte. Erschöpft fiel ich aufs Bett, rollte mich in eine Decke und griff nach meinem Teddy, der mich seit Kindertagen begleitete. Was jetzt? Ich hatte keine Antwort. Alle Säulen, auf denen mein Leben ruhte, schwankten bei mir wie Palmen in einem Tropensturm. Mein Buchprojekt, das mich zumindest für ein paar Monate mit Sinn und einer Aufgabe hätte erfüllen sollen, war geplatzt, meine Honigmanufaktur hatte mit dem Standort ihr Herz verloren, und damit gingen auch die Umsätze in den Keller, mein Mann hatte eine andere, meine Familie war zerstritten und meine Freunde 3000 Kilometer weit entfernt. Immerhin war ich gesund, und das musste auch so bleiben, ansonsten saß ich schneller irgendwo unter eine Brücke, als ich denken konnte. Mein Blick fiel auf das Regal, das ich erst ein paar Tage vorher angeschraubt hatte, um das Zimmer ein wenig wohnlicher zu gestalten. «Trust the timing of your life» stand auf einem der Ausdrucke, die ich mir eingerahmt auf das Regal gestellt hatte, damit ihre Botschaften langsam, aber sicher in mein Bewusstsein diffundierten. Auf einem anderen stand ein Spruch von Henry Ford: «Egal, ob du glaubst, dass du es schaffst, oder ob du glaubst, du schaffst es nicht; du hast in jedem Fall recht.» Vertrauen in und Glauben an mich – das waren nicht gerade meine Stärken. Ich war eine Zweiflerin, unsicher, ob das, was ich tat, etwas taugte. Es fühlte sich an, als steckte irgendwo im Verborgenen ein Bienenstachel, der ständig ein bisschen Gift in mich pumpte. Keiner meiner Erfolge konnte daran bisher etwas ändern.

Im dritten Bilderrahmen hing ein Gedicht aus der amerikanischen Holzfällerwelt zu Anfang des letzten Jahrhunderts. Es beschwor die Rauheit der Elemente, die Holz benötigte, um stark und kräftig zu werden. Es klang martialisch, passte aber irgendwie. Zuweilen fühlte ich mich ebenfalls wie ein Stück Holz, das Widerständen trotzen musste, um eines Tages stark und kräftig zu sein. «Vielleicht sollte das so sein», überlegte ich, «vielleicht soll ich jetzt endlich lernen, mir zu vertrauen und aufzuhören zu zweifeln. Vielleicht ist es das, worum es geht, und das Buch nur das Mittel zum Zweck.»

Draußen färbte der Himmel sich erst dunkelrosa und dann tiefblau. Lissabons Licht war magisch. Nirgendwo anders hatte ich diese Vielfalt von Farben am Himmel gesehen. Der Wind trug das Geklapper von Geschirr und die exotischen Düfte des nepalesischen Restaurants aus dem gegenüberliegenden Haus zu mir in den vierten Stock. Mein Magen knurrte und erinnerte mich daran, dass ich den ganzen Tag nichts gegessen hatte. Ich sehnte mich nach Trost und einem offenen Ohr, also ging ich meine WhatsApp-Kontakte durch und überlegte, mit wem ich mich zum Essen verabreden könnte. Aber ich fand niemanden, dem ich mich anvertrauen konnte. Meine Freundschaften waren zu frisch und noch im Aufbau. Bevor ich mich jemandem heulend in die Arme werfen konnte, brauchte es Zeit. Abgesehen davon hatten alle ihre eigenen Probleme. Trennungen, Geldsorgen oder Wohnungsnöte standen auf der Tagesordnung. Konnte ich mit meinem gescheiterten Traum vom Autorenleben unter südlicher Sonne auf Verständnis hoffen, wenn jemand sechs Tage die Woche Schichtarbeit leistete, gerade mal 800 Euro verdiente und keine Alternative hatte? Das war doch lächerlich. Auch bei meinen Tinder-Kontakten gab es niemanden, der mich verheult, ungeschminkt und mit roter Nase sehen sollte. Die hielten mich für eine erfolgreiche und selbstbewusste Frau, die wusste, was sie wollte. Dafür hatten sie schließlich nach rechts gewischt – und nicht für einen Trauerkloß, der auf ihren Schoß klettern und getröstet werden wollte. «Ich bin ganz alleine», suhlte ich mich im Selbstmitleid, und mein viel beschworenes «Lisboa-Feeling» war weiter entfernt als der Mond.

«Was rätst du mir, Omi?», murmelte ich und nahm den handbemalten Parfümflakon meiner Großmutter von meinem Minialtar. Kurz vor meiner Abreise hatte mir meine Tante das Fläschchen geschenkt. Es war einer der wenigen Gegenstände, die ich aus Deutschland mitgenommen hatte, und ich behandelte den Flakon wie ein rohes Ei. Die kleine viereckige Flasche stammte aus den 30er Jahren. Obwohl seit Jahrzehnten leer, roch sie noch intensiv nach dem Parfüm meiner verstorbenen Großmutter Johanna. Sie hatte das kleine Fläschchen unbeschadet durch Krieg und Flucht gebracht, in schwachen Momenten daran geschnuppert und daraus Mut und Zuversicht geschöpft. Meine Oma war mein Vorbild und meine nach wie vor sprudelnde Quelle von Liebe und Wärme. Ich schraubte den schwarzen Bakelitverschluss auf, schnupperte, und meine Großmutter wurde lebendig. Ich sah sie in ihrem dunkelblauen Kostüm vor mir, ihre Haare hatte sie zu einem Dutt hochgesteckt. Sie lächelte mich sanft an und breitete ihre Arme aus, damit ich mich an ihren weichen Körper schmiegen konnte, wie ich es als Kind so oft getan hatte. Ihre Stimme klang in meinem Ohr, und ich hatte das Gefühl, als würde ein wenig ihrer «Johanna-Energie» auf mich übergehen. Mit einem Mal fühlte ich mich ruhiger. «Liebe Omi, ich beiße mich durch, genau wie du es früher getan hast. Das verspreche ich dir», flüsterte ich, sog ein letztes Mal ihr Parfüm tief ein und verschloss den Flakon, damit ich noch lange davon zehren konnte. Ich sammelte meine Kladde aus dem Tohuwabohu vom Boden und setzte mich in mein Bett. «Abmachung», schrieb ich mit dickem rotem Stift und in Druckbuchstaben als Überschrift über die leere Seite. «Heute treffe ich eine Abmachung mit mir selber. Ich nehme diese Herausforderung an und werde meinen Weg in Lissabon trotz der Absage weitergehen. Ich werde ein Buch schreiben. Welches, weiß ich noch nicht. Entweder den Historienroman, vielleicht ein anderes. Alles, was ich dafür brauche, trage ich in mir. Wenn eine Tür sich schließt, dann nehme ich einfach die nächste.»

Mit fünf Ausrufezeichen besiegelte ich meine Abmachung, legte den Stift beiseite und fühlte mich auf einmal nicht mehr wie ein hilfloses Kind, sondern wie eine kampflustige Wikingerin. Die Sonne war untergegangen, und ein klarer Sternenhimmel funkelte, als ich auf den Balkon trat, um meinen Frust wegzuatmen und frische Energie zu tanken. Ich entdeckte den «Großen Wagen» und dachte an meinen letzten Abend auf dem Land, als ich mich traurig, aber auch neugierig auf die Zukunft von meinem alten Leben verabschiedet hatte. Damals kribbelte eine Mischung aus Vorfreude, Lust am Unbekannten gewürzt mit einer Prise Demut in meinen Adern, und ich wünschte, dieses Gefühl reaktivieren zu können. Aber das gelang mir nicht, dafür war das alles noch zu frisch. Jetzt half erstmal nur Rotwein. Ich kramte eine Flasche Wein aus dem Versteck hinter der Kleiderstange, um meinen Schmerz über die Absage hinunterzuspülen. Danach schlüpfte ich in meine neue Kaschmir-Jogginghose aus dem Schlussverkauf. Sie war das perfekte Kleidungsstück für klamme Wohnungen ohne Heizung, in denen innen die gleiche Temperatur wie außen herrschte, und so weich, dass ich mich wie auf dem Schoß meiner Großmutter fühlte. Meine Schmelz-Heul-Träum-Playlist lieferte den Soundtrack, und der Rotwein tat sein Übriges. Alles, was ich in den letzten zwei Jahren verdrängt hatte, weil ich funktionieren musste, blubberte wie heiße Lava an die Oberfläche. Ich fühlte mich jämmerlich, verkrümelte mich mit meinem Teddy unter die Decke und trank ein Glas Rotwein nach dem anderen, bis ich betrunken einschlief.

Die Sonne stand schon hoch am Himmel. Mein Schädel erinnerte mich schmerzhaft an das, was ich am Abend zuvor hatte vergessen wollen. Ich rollte mich aus meinem Bett und stieß gegen die Weinflasche. Ein rotes Rinnsal lief über den Boden und sickerte in eine der Spalten zwischen den Holzdielen. Mit meinem Espressokocher, der aus Platzmangel in der Küche zwischen meinen Schminksachen stand, schlurfte ich zum Bad. Der Hahn in der Küche war seit Wochen kaputt. Seit einiger Zeit überzogen schwarze Schimmelflecken die Wände des Badezimmers, aber meiner Mitbewohnerin war das egal. Schimmel war in Lissabonner Altbauten nichts Ungewöhnliches. Viele meiner Freunde wussten nicht mal, dass er gesundheitsschädlich war – und an deutsche Begrifflichkeiten wie «Mietminderung» war hier nicht zu denken. Dieser Tage konnten man froh sein, nicht wegen der lukrativeren Airbnb-Vermietung aus seiner Wohnung geschmissen zu werden.

Ich hielt die Luft an und ging ins Bad. In Zeitlupe rann das Wasser in meinen Kocher. Mein Kopf wurde rot und röter, und als der Wasserbehälter endlich voll war, schnappte ich wie ein Fisch auf dem Trockenen nach Luft, knallte die Badezimmertür hinter mir zu und hechtete in die Küche.

Endlich blubberte der Espresso in der Kanne, und ich schlüpfte mit meiner Lieblingstasse zurück in mein Bett. Meine Abmachung mit mir selber, die mir noch am Tag zuvor zu einem Hauch von kämpferischem Trotz verholfen hatte, war einer zersetzenden Angst gewichen. «Wenn du in ein Loch fällst, dann lass dich nicht bis zum Boden fallen, sondern versuche, auf halber Strecke innezuhalten und wieder hochzuklettern, sonst wird es zu anstrengend», hatte mir meine Tante gesagt, als sie mir den Parfümflakon meiner Großmutter überreicht hatte. Damals hatte ich ihre Worte belächelt, wähnte ich mich doch als Romanautorin in Lissabon. Nun bekam ihr Spruch eine neue Tragweite. Ich befand mich genau an der Stelle des Loches, an der ich den Rückweg antreten musste, bevor ich nicht mehr aus eigener Kraft herausfand. Ich stand unter Druck. Was ich mir jetzt vornahm, musste klappen, sonst müsste ich nach Deutschland zurück, bevor ich überhaupt richtig hier angekommen war, und das fühlte sich an wie Scheitern. Da half nur Veit Lindau. Irgendwann war ich auf der Suche nach innerem Frieden auf die geführten Trancen des flotten «Liebe-dich-selbst»-Gurus aus dem Badischen gestoßen. «Einmal ausprobieren schadet nicht», beruhigte ich mich damals und schlief in der Mitte der halbstündigen Sequenz ein. Das war zwar nicht der Sinn der Sache, für mich aber genau richtig. Seitdem half mir Veit Lindaus Stimme beim Runterkommen, wenn sich mein Gedankenkarussell mal wieder zu wild drehte. Manchmal musste er sogar mehrmals am Tag herhalten. Sicherheitshalber hatte ich meiner besten Freundin von meinen Tranceaktivitäten erzählt. Sollte ich wunderlich werden, würde sie wissen, woran es lag, und könnte eingreifen.

Wie immer wählte ich die Meditation mit dem Titel «Sprich mit deiner Zukunft». Passender konnte es diesmal nicht sein. Ich legte mich auf mein Bett, platzierte die Yogamaske auf meinen

Augen und versuchte abzuschalten. Das Gewicht der Augenmaske wirkte entspannend. Neben meiner Beißschiene gegen Zähneknirschen, Ohrenstöpseln, die ich auch in der marokkanischen Wüste nicht missen wollte, und einer bitteren Salbe gegen Rosazea gehörte die Augenmaske zu meiner täglichen Schlafausstattung. Kein Wunder, dass mein Mann sich nach etwas Jüngerem umgeschaut hatte.

«Erlaub dir, den Frieden deiner Gegenwart zu spüren», flötete Herr Lindau, «stell dir vor, du bist ein offener Kelch, und dein eigenes Ich aus der Zukunft füllt den Kelch mit einer guten Botschaft. Wie fühlt es sich an, wenn du all das, wonach du dich sehnst, bereits empfangen hast?»

Anstatt wie ein leerer Kelch fühlte ich mich eher wie ein Glas Rotwein, und anstelle mir meine neue Zukunft auszumalen, nickte ich wie immer ein. Als die Meditation nach einer halben Stunde endete, lief mein Gedankenkarussell zumindest etwas ruhiger. Ich schob mir ein Kissen in den Rücken, trank meinen kalt gewordenen Kaffee aus und nahm mir vor, den Tag im Bett zu verbringen.

Mit einem Mal begannen die Glocken der nahegelegenen Kirche Igreja São Domingos zu läuten. Glocken aus anderen Winkeln der Stadt stimmten ein und verwoben sich zu einem wunderschönen Klangteppich. Anfangs freute ich mich über das unverhoffte Konzert, dann meldeten sich meine Kopfschmerzen. Ein Ohropax verstopfte bereits meinen Gehörgang, als mir einfiel, dass Ostersonntag war. Vielleicht würde mir ein Kirchgang guttun? Ich sprang aus dem Bett und schlüpfte in meine Klamotten. Ungewaschen und mit einer Mütze über meinen platt gelegenen Haaren, rannte ich die Treppe hinunter und weiter zum Largo de São Domingos.

Mit aller Kraft stemmte ich mich gegen die meterhohe Holztür der Igreja de São Domingos. Behäbig schwang das mächtige Portal zur Seite, und kühle Luft schlug mir entgegen, als ich mich durch den Spalt quetschte. Der Lärm vom Rossio schwoll durch den hin- und herschwingenden Türflügel rhythmisch an und wieder ab. Langsam gewöhnten sich meine übermüdeten Augen an das schummerige Licht. Die Ostermesse war gut besucht. Ich ließ meinen Blick über die Bankreihen gleiten. Die mehrheitlich schwarz behaarten Köpfe der Kirchgänger senkten sich zum Gebet. Endlich entdeckte ich einen leeren Platz am Ende einer der Bänke. Um die Liturgie nicht zu stören, stakste ich auf Zehenspitzen über die jahrhundertealten Steinplatten. Aus den schmalen Lautsprechern, die alle paar Meter an den zum Himmel strebenden Säulen hingen, säuselte der Singsang einer männlichen Stimme. Die Orgel setzte ein, und ihre Klänge trafen mich mitten ins Herz. Mir stiegen Tränen in die Augen, und ich schob mich hastig in eine Kirchenbank. Wie immer, wenn ich meine Gefühle kontrollieren wollte, bohrte ich mit einem Fingernagel in das Nagelbett meines Daumens. Mit fortschreitendem Alter weinte ich immer öfter. Mittlerweile reichten schon ganz normale Abschiede, der Anblick von gebrechlichen, alten Menschen oder eben feierliche Kirchenmusik. Um nicht als Heulsuse in Verruf zu geraten, hatte ich mir einige Tricks angeeignet, mein Kneif-Trick war einer davon. Ein anderer bestand darin, dass ich anstelle des üblichen Abschiedsgrußes bei Verabschiedungen lieber eine «Gute Nacht» wünschte. Ich fand, das hatte etwas Optimistisches und implizierte ein Wiedersehen. Natürlich bediente ich mich diverser Abstufungen. Von der Supermarkt-Verkäuferin verabschiedete ich mich mit einem gewöhnlichen «Tschüs». Galt es jedoch, meine Lieblingstante oder einen anderen geliebten älteren Menschen zu verabschieden, entschied ich mich für die

«Gute Nacht»-Variante. Das geschah nicht grundlos. Schließlich waren im Laufe der letzten Jahre bereits mehrere Menschen in meinem Umfeld verstorben, und ich war entsprechend dünnhäutig. Es war nur eine Frage der Zeit, bis ich den nächsten schwarz umrandeten Umschlag aus dem Briefkasten fischen würde.

Beim letzten Abschied, der noch nicht lange zurücklag, ging es nicht um Leben und Tod; dennoch hatte das «Lebewohl» von meinem Mann am Hamburger Flughafen eine besondere Tragweite. Nach vielen überwiegend schönen Jahren hatten sich unsere Wege hinter der Sicherheitskontrolle getrennt. Damals am Flughafen hatte ich unseren Abschied mit Fassung getragen. Nun, als zur Orgelmusik auch noch der Chor einsetzte und ich alleine inmitten von Paaren und Familien saß, reichten weder mein Daumentrick noch eine meiner anderen Techniken, und ich ließ es einfach laufen.

Der Druck in meinem Inneren ließ nach. Ich schluckte eine Portion Schnodder und wischte mir mit dem Handrücken die Augen trocken. Plötzlich wendete sich meine Banknachbarin zu mir und streckte mir lächelnd ihre Hand entgegen. Überrascht erwiderte ich ihren Gruß und ließ ihre Hand nicht mehr los, bis sie sich aus meiner Umklammerung befreite. Hatte sie gesehen, wie es um mich stand? Da bemerkte ich, dass die Handreichung zur Liturgie gehörte und sich alle Gläubigen einander die Hände schüttelten. Ein Weihrauchfass schwebte ins Kirchenschiff und schwang an einer schweren Kette in weitem Bogen von einer Seite zur anderen. Rauchschwaden waberten durch die Luft. Der Pfarrer segnete die Gemeinde, und die Bänke leerten sich. Fröhliche Familien zogen auf dem Weg in einen idyllischen Ostersonntag an mir vorbei. «Ich bleibe einfach hier», dachte ich, schob mir meinen zusammengeknüllten Schal als Polster in den Rücken und schaute mich in der Kirche um. Schwarzer Marmor verkleidete die Wände. An einigen Stellen zeugten Brandspuren von ihrer wechselvollen Vergangenheit. Im 15. Jahrhundert hatte hier ein Massaker an den «Neuen Christen» stattgefunden. Angezettelt von zwei Dominikaner-Mönchen, war der Mob über zwangskonvertierte Juden und Muslime hergefallen. Unter dem Vorwand, sie wären für Pest und Dürre verantwortlich, hatte sich das Gemetzel verselbständigt, und ganze Familien waren aus ihren Häusern gezerrt und umgebracht worden. Später hatte die Inquisition ihren Sitz in der Kirche. Um an diese grausame Geschichte zu erinnern, wurden die Spuren eines Brandes, der 1959 das Innere der Kirche zerstört hatte, nicht beseitigt.

Die Härte der Bank trieb mich nach einer Weile hoch. Hinaus in den Trubel des Rossio wollte ich nicht, daher ging ich das Kirchenschiff Richtung Altar hinab und betrachtete die Heiligenstatuen, die die Seitengänge säumten. Vielleicht würden sie zu mir sprechen, hoffte ich und wurde langsamer, damit ich es auch bemerkte. Jeder Heilige hatte sein eigenes Tischchen mit Kerzen. Einige schienen beliebter zu sein als andere. Auf ihren Tischen buhlten mehr Kerzen um ihre Gunst und ein Wunder. Ich wusste nicht, wen die Figuren darstellten, dennoch wünschte ich mir für mich und meine «Abmachung» den kirchlichen Segen. Meine Wahl fiel auf einen Heiligen mit einer Schreibfeder in der Hand. Das erschien mir passend, hing meine desolate Situation doch mit dem Schreiben zusammen. «Lieber Heiliger, bitte mach, dass sich die Dinge zum Guten wenden», flehte ich in Gedanken. Dabei fixierte ich das sanfte Gesicht der Holzstatue, als wollte ich sie hypnotisieren und zwingen, für mich tätig zu werden. Neben mir ging eine alte Dame in die Knie. Ich beobachtete sie aus den Augenwinkeln. Sie hatte lediglich die Größe eines Grundschulkindes. Während ihr zarter Oberkörper vor und zurück wippte, formten ihre Lippen stille Worte des Gebetes, und ein Rosenkranz glitt durch ihre rechte Hand. «Glaube macht stark. Vielleicht sollte ich künftig öfter in die Kirche gehen», dachte ich, während ich beobachtete, wie sie mit ihren alten Knochen, ohne mit der Wimper zu zucken, auf dem harten Steinboden kniete. Ich fühlte mich in meiner nur in Notfällen auftretenden Frömmigkeit ertappt. Da ich «meinen» Heiligen jedoch nicht grußlos verlassen und damit meine Bitte aufs Spiel setzen wollte, deutete ich einen Knicks an und bekreuzigte ich mich, ohne zu wissen, wie das eigentlich ging. Es fühlte sich komisch an, aber auch, als wäre ich Teil eines größeren Ganzen. Geläutert trat ich aus der dunklen Kirche ins helle Licht des Largo São Domingos.

Draußen vor dem Portal stand ich unschlüssig herum und überlegte, was ich mit dem restlichen Feiertag anfangen sollte. Der zarte Optimismus, den mir der Kirchgang beschert hatte, wich beim Anblick der Paare, die Hand in Hand über den Platz schlenderten. Kurz überlegte ich, mich vielleicht doch für den Rest des Tages in die Geborgenheit des Gotteshauses zurückzuziehen, dann fiel mir die Ginjinha-Bar ins Auge, und ich entschied mich um.

Ich schmeckte den fruchtigen Kirschschnaps schon auf meiner Zunge und drängelte mich in den kleinen Schankraum. Andere Kirchgänger hatten die gleiche Idee und suchten mit einem Gläschen Hochprozentigen den Weg zurück ins Weltliche. Der Barkeeper füllte ein Schnapsglas nach dem anderen und wünschte mir «Feliz Pascoa», «Frohe Ostern», als er mir den Kirschlikör über den Tresen reichte. Auf dem Weg nach draußen verschüttete ich ein paar Tropfen auf dem wie immer klebrigen Boden und setzte mich auf eine Bank auf dem Largo de São Domingos. Von hier hatte ich den ganzen Platz im Blick. Auf einmal sah ich, dass vor dem Eingang der Kirche ein Bettler saß und den Passanten seine knochige Hand entgegenstreckte. War er schon da gewesen, als ich die Kirche verlassen hatte? Ich konnte mich nicht erinnern. Verstohlen beobachtete ich ihn. Sein Gesicht war faltig, seine Haut fast schwarz. Graue, gekräuselte Haare lugten unter einem abgewetzten Hut hervor, und ein grauer Anzug schlotterte um seinen mageren Körper. An Knien und Ärmeln war der Stoff abgewetzt, und seine Ellenbogen und Knie zeichneten sich durch das mürbe Gewebe ab. Aus den zu kurzen Hosenbeinen lugten dünne Beine mit ledriger Haut, die an ausgetrocknete Erde erinnerte. Seine Füße steckten in ausgetretenen Sandalen. Ich fühlte mich schlecht, weil ich mir einen Schnaps gekauft hatte, statt ihm etwas zu geben, und tastete in meiner Jackentasche nach Münzen. Nachdem ich mein Ginjinha-Glas geleert hatte, schlenderte ich zu ihm hinüber und legte einen Euro auf das Stück Pappe vor ihm. «God bless you», sagte der Bettler, und seine Augen strahlten mich warmherzig an. «Oh, you are welcome.» Ich errötete, weil ich es seltsam fand, dass mir ein Bettler seinen Segen gab, obwohl es mir viel besser ging als ihm. «What does it mean?», fragte ich und deutete auf das Schild zu seinen Füßen, auf dem in dicken schwarzen Buchstaben «Mambo sawa sawa» stand. «Mambo sawa sawa means ‹Never give up›», antwortete er, und Lachfalten umrahmten seine Augen. «Never give up, these are wise words! Thank you so much», erwiderte ich und ließ seine Worte nachwirken. Er hielt mir seine Hand entgegen. Zögerlich schlug ich ein. Sein Händedruck war überraschend kräftig, und ich hatte das Gefühl, als würde ein elektrischer Schlag durch meinen Körper schießen. Erschrocken ließ ich seine Hand los, aber er wirkte ganz normal, als wäre nichts gewesen. Verlegen wünschte ich ihm «Schöne Ostern», winkte kurz und überquerte den Largo de São Domingos in Richtung meiner Wohnung. Auf halber Strecke drehte ich mich noch mal zu ihm um. Der alte Mann war verschwunden. Verwundert kniff ich meine Augen zusammen und suchte den ganzen Platz ab, konnte ihn aber nirgendwo mehr entdecken. «Mambo sawa sawa.» Ein Kribbeln durchströmte mich, und voller Elan sprang ich die Stufen der Escadinhas da Barroca hoch, schlängelte mich durch die mit Containern und Bauschutt versperrte Travessa de Santana und erreichte atemlos mein Zimmer im vierten Stock. Diese Begegnung war ein Zeichen. Ich musste ans Meer, so schnell wie möglich, bevor der Kick, den mir der Bettler gegeben hatte, abflaute. Vielleicht konnte ich mit Blick auf den Horizont neue Ideen und Visionen entwickeln, hoffte ich. Eilig packte ich meine Kladde, die mein wichtigster Besitz und meine Psychotherapeutin geworden war, meinen Kopfhörer und ein bisschen Proviant in meinen Rucksack und brach auf. Auf dem Weg zum Bahnhof Cais do Sodré drängelte ich mich durch Großfamilien. Ehepaare mit Oma und Opa, Kindern und Enkeln flanierten im Sonntagsstaat auf den Bürgersteigen, saßen vor den Cafés und in den Restaurants und genossen den Feiertag. Der Familiensinn der Portugiesen beeindruckte mich, weil ich das von meiner Familie nicht kannte. Es war ein Ding der Unmöglichkeit, sich an einem Sonntag oder einem anderen Feiertag mit jemandem zu verabreden, und jetzt erkannte ich, warum. «Family rules» war das ungeschriebene Gesetz, dem alle folgten, egal in welchem Alter. Selbst einige meiner Freunde, erfolgreiche Geschäftsleute mit vollen Terminkalendern, fügten sich der Tradition, auch wenn sie mal keine Lust dazu hatten. Beim Anblick der vielen fröhlichen Menschen kippte meine fragile Stimmung. Ich gehörte zu niemandem, und das tat weh.

Eine halbe Stunde später bestieg ich einen der Züge, die vom Cais do Sodré entlang des Tejo Richtung Cascais fuhren. Die Strecke war schön. Wir passierten die Ponte 25 de April, Belén mit dem

Mosteiro dos Jerónimos, dem Kloster, das aussah wie von Zuckerbäckern verziert und in dem sich die Gräber von Fernando Pessoa, Vasco da Gama und Luís de Camões befinden. Ein Strand reihte sich an den anderen, aber ich stieg erst an der Endstation in Cascais aus. Von dort fuhr ich mit einem Taxi zum Praia do Guincho. Am Meeressaum kämpften Spaziergänger gegen den Wind. Ihre Jacken blähten sich wie Ballons, und es sah aus, als kämen sie nicht von der Stelle. Mächtige Wellen mit riesigen Schaumkronen rollten an den Strand. Ein paar mutige Surfer rasten auf ihren Boards wie bunte Schmetterlinge über die Wellen, bis sie am Strand absprangen und langsam wieder hinauspaddelten. Dieses Jahr war das Wetter kühler als sonst, und alle meine Bekannten jammerten über das ungemütliche Frühjahr. Ich zog mir meine Mütze tief ins Gesicht, schlug meinen Jackenkragen hoch und stapfte durch den Sand zum Dünensaum, der weit genug vom Meer entfernt lag, dass auch die Flut mich nicht erreichen konnte. Ich breitete mein Strandtuch aus und setzte mich mit dem Rücken gegen eine Düne. Mein Plätzchen war einigermaßen windgeschützt, dennoch wehte mir der Wind ab und zu eine Ladung Sand ins Gesicht. Ein Körnchen hatte sich hinter meine Kontaktlinsen gesetzt, und meine Augen tränten. Ich kramte meine Sonnenbrille aus dem Rucksack, um Schlimmeres zu vermeiden. Die Luft roch salzig und nach Algen. Ich sog die Luft tief in meine Lungen, schloss die Augen und lauschte dem Getöse des Meeres.

Seit drei Generationen wohnte meine Familie am Wasser, und die Leidenschaft für das Meer steckte auch in mir. Es zog mich an, beruhigte und inspirierte mich. Hier fühlte ich mich mit meiner Großmutter verbunden und stellte mir vor, wie sie in Pommern an der Ostsee stand, aufs Meer schaute, und wanderte mit meinen Gedanken zu ihr. Ein Teil von ihr steckte auch in mir, und das fühlte sich gut an und gab mir Kraft. Nachdenklich knabberte ich an meinem Stift und klappte meine ledergebundene Kladde auf. Mehr als zehn Jahre zuvor hatte ich im Urlaub etwas Ähnliches getan. Damals hatte ich mich ebenfalls an einem Wendepunkt befunden und war auf der Suche nach einer neuen Perspektive gewesen. «Träumen Sie große Träume», hieß die Übung, die ich mir aus einem Buch des amerikanischen Motivationsgurus Brian Tracy herausgepickt hatte. Ich hatte im Urlaub am Strand von Sansibar gesessen, aufs Meer geschaut und mir vorgestellt, was ich mir für mein Leben wünschte. Anfangs stockend, dann immer flüssiger hatte ich aufgeschrieben, wovon ich träumte: ein Leben mit und in der Natur, Tiere, ein Haus auf dem Land und einen Job, der mich mit Sinn erfüllte. Mit meiner Honigmanufaktur Flügelchen und unserem Haus auf dem Land waren meine Ziele von damals Realität geworden. Alles hatte sich so entwickelt, wie ich es mir gewünscht hatte, und noch viel mehr. Die Übung funktionierte, das wusste ich aus eigener Erfahrung. Sobald ich meine Träume und Ziele aufschrieb, begannen sie, ihren positiven Sog zu entfalten und mich in die richtige Richtung zu lenken. Darauf hoffte ich auch diesmal.

«Fly high!», schrieb ich als Überschrift. Schon funkten mir meine inneren Kritiker dazwischen und bekrittelten, was mir durch den Kopf ging. Darf ich das wollen? Ist das nicht zu hoch gegriffen? Kann ich das alleine? Meiner Intuition folgen und mich von den Meinungen anderer frei machen, das war genau die Lektion, die ich lernen musste. Ich erinnerte mich an einen der letzten Abende in unserem Haus auf dem Land, als ich nach einem anstrengenden Betreuungstag bei meiner Mutter erschöpft in der Küche gesessen und meinem Mann beim Kochen zugeschaut hatte. «Die Zeit des Zweifelns ist vorbei», hatte ich unvermittelt gesagt, und das, was ich damals nicht verstanden hatte, ergab auf einmal Sinn. Ich konnte es mir nicht leisten, weiterhin an mir zu zweifeln. Jetzt musste ich an mich glauben, sonst würde ich es nicht schaffen.

Die Sonne verschwand hinter einer Wolke, und ich fröstelte. Ich drückte mich in die Düne, zog meine Knie eng an den Körper und wickelte mir zusätzlich mein Strandtuch über die Beine. Während ich die Surfer beobachtete, überlegte ich, was ich mir als Maximalvision für mein Leben wünschte, und schrieb es auf. «Ich möchte mindestens so lange in Lissabon leben, bis ich die Sprache kann. Ich möchte aus freien Stücken zurückgehen und nicht, weil ich es muss. Ich möchte ein Buch schreiben, weil mir das Spaß macht und es eine Herausforderung ist, die mich weiterbringt. Jetzt schreibe ich über all das, was seit Papas Tod passiert ist. Außerdem wünsche ich mir ein eigenes Zuhause, in dem ich mich wohl fühle und Kraft tanken kann. Wenn ich aus dem Gröbsten raus bin, mache ich eine Ausbildung zum Coach und zur Yogalehrerin. Das schwebt mir schon lange im Kopf herum. Aber erstmal ist die neue Buchidee dran. Ich verpflichte mich, alles zu tun, was mich meinen Zielen näherbringt, und meine Zeit nicht mit Unsinn oder Männerbekanntschaften zu vergeuden.»

Meine Finger wurden klamm. Ich legte den Stift weg, rieb meine Hände aneinander, bis sie warm wurden. Sand rieselte zwischen die Seiten meiner Kladde. Ich horchte in mich hinein, wie sich meine Worte in meinem Inneren anfühlten. Passte das? Oder fühlte sich das, was ich geschrieben hatte, komisch an? Plötzlich klatschte ein Klecks auf meine aufgeschlagene Seite. Am Himmel entdeckte ich eine einzige Möwe, die hoch über mir im Wind segelte. «Wenn das kein Zeichen ist», kicherte ich, suchte nach einem Taschentuch und tupfte den Möwenschiss ab. Wieder und wieder las ich, was ich geschrieben hatte. Es fühlte sich gut an. Es würde kein Spaziergang sein, und ich musste ganz von vorn anfangen. Aber die Vorstellung, ein Buch über das Platzen meines Traumes und meinen Neustart vom Neustart zu schreiben, machte mehr Sinn, als ein paar hundert Jahre in der Vergangenheit rumzustochern. Das lief mir nicht weg, und ich konnte es später wieder aufgreifen. Wenn ich ehrlich war, glimmte im hintersten Winkel meines Kopfes sogar ein Fünkchen Erleichterung, dass ich die Umzugskiste voller Sachbücher über das Mittelalter und den Dreißigjährigen Krieg, die ich mir aus Deutschland hatte schicken lassen, erst einmal nicht lesen musste.

Hoffnungsfroh klappte ich mein Tagebuch zu. Meine Kompassnadel hatte eine neue Richtung, und das erfüllte mich mit Zuversicht. Ich verstaute meine Sachen in meinem Rucksack und machte mich auf den Rückweg.

Als ich an der Igreja de São Domingos vorbeikam, hielt ich wieder nach dem Bettler Ausschau, aber er blieb verschwunden. Ich betrat die Kirche an diesem Tag zum zweiten Mal, zündete eine weitere Kerze an und suchte mir eine weibliche Heiligenfigur. «Wir Frauen müssen zusammenhalten», flüsterte ich, hoffte, dass sie das ähnlich sah, und bekreuzigte mich, diesmal schon etwas geschmeidiger als am Vormittag. «Totgeglaubt und wiederauferstanden!», murmelte ich, und noch nie hatte die Osterbotschaft für mich so viel Sinn gemacht wie an diesem Ostersonntag in Lissabon.

Brichst du auf gen Ithaka

Das Schlüsselbund fiel aus meiner Hand und krachte auf die abgewetzten Planken. Ich hielt den Atem an, lauschte und kam mir vor wie ein Einbrecher. Was sollte ich sagen, wenn mich ein Nachbar fragte, wer ich war? Außer «obrigada» und «por favor» sprach ich noch nicht viel Portugiesisch und schon gar nicht, wenn ich aufgeregt war. Zum Glück blieb alles still. Ich tastete nach dem Bund irgendwo zu meinen Füßen. Das Licht der Straßenlaternen, das durch das schmutzige und kleine Fenster der Haustür fiel, reichte nicht aus. Auf der Suche nach einem Lichtschalter tastete ich mit den Fingern über den feuchten und bröckeligen Putz. Die alte Wandfarbe rieselte auf den Boden. Endlich fühlte ich das kalte Plastik eines Schalters unter meinen Fingern, und klackend sprang eine von Spinnweben und Staub überzogene matte Glühbirne an. Das Schnarren ihrer mechanischen Zeitschaltuhr klang wie eine Tonkonserve aus dem letzten Jahrhundert. Ich stellte mir eine alte Portugiesin mit sonnengegerbtem Gesicht und gebeugt von einem arbeitsreichen Leben vor, die sich einst die Stufen dieses Treppenhauses hoch- und runtergeschleppt hatte. Dabei waren diese Zeiten lange vorbei. In dem Viertel Principe Real lebten neuerdings eher die betuchten Lisboetas. Der merkwürdige Schlüssel mit den zwei Bärten glitt geschmeidig in das Schloss, und die Tür zu meiner Wohnung sprang geräuschlos auf. Meine Augen brauchten einen Moment, um sich an das Dämmerlicht im Flur zu gewöhnen. Meine Schritte hallten, als ich die leere Wohnung betrat und zum Balkon ging, um die Fensterläden zu öffnen. Das Licht von der Straße tauchte die Räume in ein zartes Orange. Ich schleppte meine beiden Taschen vom Flur in die Wohnung und gab der Tür mit meinem Hintern einen sanften Schubs. Leise fiel sie zu. «Hallo, Zuhause», schluchzte ich überwältigt und glitt mit dem Rücken an den weiß lackierten Planken meiner Haustür hinunter, bis ich auf dem Boden saß. Hier, in diesem leeren Flur, wurde mir klar, wie sehr ich mich nach meinen eigenen vier Wänden gesehnt hatte. Endlich konnte ich mich so einrichten, wie es mir gefiel. Ohne Sperrmüll, der beim Anschauen auseinanderfiel, Schimmel im Bad und einer Mitbewohnerin, deren Wortschatz hauptsächlich aus dem Wort «Fuck» bestand und die darüber hinaus kein Interesse an näherem Kontakt hatte. Nach einer kleinen Ewigkeit rappelte ich mich hoch, ging von Raum zu Raum, und da dämmerte mir, wie aufwendig und kostspielig es werden würde, einen neuen Hausstand anzuschaffen. Abgesehen davon hatte ich in Deutschland ein mit Möbeln vollgestopftes Lager, aber der Transport nach Lissabon lohnte nicht und war mindestens so teuer wie die Neuanschaffung. Ich begrub meine Bedenken im hintersten Winkel meines Kopfes und wollte mich in diesem Moment nur freuen. Ich kramte Kerzen, Wein und Chips aus einer meiner Einkaufstaschen. Es gab keine Lampen, daher entzündete ich die Bienenwachskerzen, die ich aus Deutschland mitgebracht hatte, und stellte sie auf den Fußboden. Die neuen Küchengeräte schimmerten im Kerzenlicht. Bad und Küche hatten mir bei der Besichtigung besonders gefallen. Die Räume waren groß, hell und sonnig; kein Vergleich zu dem dunklen Durchgang und dem verschimmelten «Aquarium» in meiner WG. Endlich konnte ich wieder richtig kochen, Gäste einladen und sogar ein Bad nehmen.

Lediglich mit der Aussicht konnte meine Wohnung nicht mithalten. Die war okay, aber nicht spektakulär. Vom vorderen Balkon sah ich auf die Straße und das gegenüberliegende Haus. Wenn ich aus der Balkontür der Küche schaute, blickte ich auf ein hübsches mit Azulejos verziertes Haus, Orangenbäume, Bougainvillen und ganz viel Himmel. Ich entkorkte die Flasche mit dem Namen «Fabelhaft», die ich mir auf dem Weg gekauft hatte. Der deutsche Name für einen portugiesischen Wein erschien mir passend, daher hatte ich zur Feier des Tages ein paar Euro mehr springen lassen. Der tiefrote Vinho Tinto gurgelte in mein Lieblingsweinglas, das ich aus Deutschland mitgebracht hatte. Die kleine Biene, die auf dem Kelch prangte, ging im Dunkelrot des Weines unter. Ich knautschte meinen Mantel zu einem Kissen und setzte mich vor die offene Balkontür. Der vertraute Duft von Honig und Wachs erfüllte die Küche, und süße Wehmut erfasste mich. Ich dachte an meine Bienen, die sich um diese Jahreszeit für die Sammelsaison startklar machten, und überlegte, ob sie die Orangenblüten mögen würden, die unter meiner Wohnung dufteten. Milde Frühlingsluft strich über meine vor Aufregung glühenden Wangen. Von irgendwo schwebte Klaviermusik an mein Ohr, ein paar Fledermäuse flatterten geräuschlos durch die Dunkelheit und jagten Insekten. Die ersten Sterne kletterten an den klaren Abendhimmel und funkelten fröhlich. «Auf in die Zukunft», rief ich gefühlsduselig und prostete dem Universum zu. Frisch renoviert, in guter Lage und bezahlbar – die Wohnung hatte mir gefallen, und bereits bei der Besichtigung hatte ich in Gedanken begonnen, sie einzurichten. Als Deutsche eilte mir der Ruf von Zuverlässigkeit und Pünktlichkeit voraus, und das hatte sich ausgezahlt. In Hamburg hätten die Makler mich nicht einmal zu einer Besichtigung eingeladen, von einem Mietvertrag ganz zu schweigen. Nach zwei langen Wochen, in denen ich schon nicht mehr mit einer Rückmeldung gerechnet hatte, flatterte mir überraschend die Zusage der Maklerin ins E-Mail-Postfach. Vor Freude hatte ich einen Indianertanz aufgeführt und unter meine am Praia do Guincho formulierten Ziele einen Nachtrag gequetscht. «Hurra. Das erste Ziel ist erreicht. Ich habe eine Wohnung in Li-La-Lissabon! Endlich wieder ein eigenes Zuhause. Jetzt habe ich mich festgelegt und muss alles daransetzen, dass das Risiko mit der Wohnung belohnt wird.»

Ein paar Tage später ging ich von Tür zu Tür, stellte mich vor und überreichte jedem Nachbarn ein kleines Glas Flügelchen-Honig. Da war Dona Leonor, die mit ihrer Familie im Erdgeschoss lebte. Ihr Hund bellte und knurrte, wenn ich meine Wäsche an die Leine hängte, bis mir eines Tages ein BH runterfiel, direkt auf seinen Kopf landete und er wie verrückt durch den Garten jagte, bis er sich davon befreien konnte. Seitdem lief er jaulend weg, wenn er mich an der Wäscheleine hantieren sah. Ihr Mann züchtete Gemüse, und wenn sie etwas übrig hatten, hängten sie mir eine Tüte mit einem Salatkopf oder ein paar Kräutern an die Wohnungstür. Dona Leonor verbrachte den Tag in einem Hausanzug aus Plüsch und kannte alle Geschichten aus der Nachbarschaft. Bei gutem Wetter stand sie in der Tür ihrer Erdgeschosswohnung oder fegte den Bürgersteig, wobei sie wohl eher beobachtete, was in der Straße vor sich ging. Zur Sicherheit gab ich ihr meinen Haustürschlüssel für den Fall, dass ich mich eines Tages aussperrte oder nicht da sein würde, wenn der Strom abgelesen werden musste. Sie bedankte sich überschwänglich für mein Vertrauen und betrachtete mich seitdem als ihre beste Freundin.

Im obersten Stockwerk lebte Dona Luisa. Die winzige alte Dame brauchte zehn Minuten, um von ihrer Wohnung nach unten zu gelangen. Wenn ich ihre Schritte im Treppenhaus hörte, ging ich auf den Flur und trug ihre Einkaufstaschen hinauf. Sie begrüßte mich mit Küsschen, wenn sie mich traf, redete wie ein Wasserfall und ließ erst von mir ab, wenn ich ihr versicherte, fleißig Portugiesisch zu lernen, damit sie mir noch mehr erzählen konnte. In der Erdgeschosswohnung unter mir wohnte Dona Maria. Sie war bettlägerig, und ich bekam sie gar nicht zu Gesicht. Ihre Geschichte war tragisch. Die erwachsene Tochter saß wegen des Mordes an ihrem Vater im Gefängnis, erzählte mir Leonor hinter vorgehaltener Hand. Maria war den ganzen Tag alleine und wurde von einem Pflegedienst versorgt. Ihr Fernseher lief rund um die Uhr, sieben Tage in der Woche. Als ich einzog, lag sie im Krankenhaus, und die Dauerbeschallung von unten begann erst ein paar Tage später. Anfangs versuchte ich, mich daran zu gewöhnen, dann beschwerte ich mich bei der Hausverwaltung und bot an, ihr einen Kopfhörer zu kaufen, aber ihr Gerät war zu alt dafür. So musste sie die Lautstärke runterdrehen, und mich plagte ein schlechtes Gewissen, ihr die letzte Freude genommen zu haben. Sie hatte einen Notknopf, mit dem sie den Rettungsdienst rufen konnte. Als der Krankenwagen aber ein paarmal anrückte, weil eine Flasche umgefallen war oder ihr das Fernsehprogramm nicht gefiel, nahm man ihr den Alarm wieder weg. Seitdem schrie sie, damit Dona Leonor aus der Nachbarwohnung zu ihr hinüberkam. Dona Maria tat mir leid, auch wenn ihr Fernseher und ihr Geschrei mich manchmal nervten. Irgendwann nahm ich die Geräusche von unten nicht mehr wahr und wurde unruhig, wenn es zu lange still war.

Ich war froh, dass in meinem Haus noch «echte» Portugiesen wohnten und die Wohnungen nicht durch Airbnb blockiert waren; mittlerweile eine Seltenheit.

Es war schon spätnachts, als ich mich auf meine Isomatte legte, mich mit meinem Mantel zudeckte und selig einschlummerte. Am nächsten Vormittag holte ich meine Habseligkeiten aus meinem WG-Zimmer und richtete mich provisorisch ein. Es dauerte einen Monat, bis ich die Wohnung fertig möbliert hatte. Endlich war alles so, wie ich es mir gewünscht hatte. Mein Lissabon-Traum konnte endlich so richtig beginnen – aber das Gegenteil war der Fall.

Meine Hände krallten sich um das Geländer. Ich kniff die Augen zusammen. Mein Puls hämmerte in meinen Ohren und übertönte das Rauschen des Flusses, der über 200 Meter unter mir Richtung Ozean toste. Meine Beine waren steif und gehorchten mir nicht, und meine Füße klebten wie mit «Konrads Spezialkleber» befestigt auf dem Metallgitter. «Nie im Leben gehe ich da rüber!», schrie meine Angst. «Stell dich nicht so an. Du wolltest das», hielt meine innere Gouvernante dagegen. Eine Böe fegte über die Schlucht und brachte den Steg, der zu einem Plateau in der Mitte der Brücke führte, zum Schwanken. Die Metallelemente ächzten, verschoben sich, und die Fugen zwischen den einzelnen Teilen wurden größer. Meine Jacke blähte sich zu einem Ballon, der mich hin und her riss. «Oh Gott, auch das noch», stöhnte ich, «so habe ich mir das nicht vorgestellt!» Ich duckte mich, um dem Wind keine Angriffsfläche zu bieten. Ich spähte unter meinem Arm hindurch nach hinten. Da war niemand! Mutterseelenallein stand ich über dem Abgrund. Ich kniff meine Augen zusammen, um die Stromschnellen nicht zu sehen, die weit unten in der Schlucht brodelten und nach mir zu rufen schienen. «Ich gehe zurück!», beschloss ich. «Das ist nicht dein Ernst. Und wohin?», konterte meine Gouvernante. «Geh weiter, Schritt für Schritt, und fixiere dein Ziel.» Ich wollte widersprechen, aber mir fiel nichts ein. Reglos stand ich da, zauderte und rang mit meinen Ängsten. Dann gab ich mir einen Ruck. Ich drückte meine Wirbelsäule durch, spannte meine Bauchmuskeln an und heftete meine Augen an einen moosbewachsenen Felsen auf der anderen Seite der Brücke. Zögerlich lockerte ich meinen Griff vom Geländer und wagte den ersten Schritt über die Schlucht.

Ich riss die Augen auf. Mein Herz raste, und mein Pyjama klebte nass an meinem Rücken. Meine Augen tasteten sich durch die Dunkelheit, bis ich realisierte, wo ich war. Keine Brücke weit und breit. Mein Puls normalisierte sich. Ein grelles Licht fiel blinkend durch die Ritzen der Fensterläden und erleuchtete mein Schlafzimmer. Der Lärm berstender Gläser und Rufe in einer fremden Sprache drangen zu mir hoch. Der Motor des Müllwagens heulte, und das Licht wurde schwächer, bis es schließlich ganz verschwand. Die Nacht war wieder still. Ich warf die Decke zur Seite, stand auf und schlurfte in die Küche, wo der anbrechende Tag sein zartes Licht über das Mobiliar goss. Ich schenkte mir ein Glas Wasser ein und stellte mich in die offene Balkontür. Eine Brise wehte vom Tejo zu mir herauf und kühlte meine Wangen. «Du schaffst das», beschwor ich mich und atmete tief durch, damit die frische Morgenluft jede meiner Zellen erreichte.

Nachts, wenn alles still war, überwältigte mich die Einsamkeit, und ich fühlte mich allein und hilflos. Mein Kopfkino präsentierte mir meine düstere Zukunft in Farbe und Slow Motion. Alles, was tagsüber Gültigkeit hatte, wurde nachts fraglich. Mein inneres Gleichgewicht, das ich so dringend benötigte, ging mir verloren, und ich wusste nicht, was ich dagegen tun sollte. Dabei hing meine Zukunft davon ab, dass ich einen klaren Kopf behielt, und der wurde vom Schlafmangel und meinen Ängsten immer hohler. Fast jede Nacht wälzte ich mich schweißgebadet von einer Seite auf die andere. Angst blockierte meinen Kopf. Meine Gedanken kreisten um meine Zukunft, und die lag in weiter Ferne, da konnte ich noch so viele Abmachungen mit mir selber treffen. Meine Kompassnadel hatte dadurch vielleicht eine Richtung, mehr aber auch nicht. Mit ein paar Ideen ins Ausland zu gehen, von denen die wichtigste schon gescheitert war, war naiv und ein Wagnis noch dazu. Was nützte es mir, wenn ich ein bisschen Portugiesisch lernte, aber eines Tages abgebrannt nach Deutschland zurückmusste? Dort würde ich in meinem Alter höchstens noch einen Job als Empfangsdame finden. Hatte ich dafür meine Honigmanufaktur an die Behindertenwerkstatt übergeben? Klar, ich konnte mich entscheiden, wieder zurückzugehen und mit Flügelchen weiterzumachen, aber das wollte ich erst tun, wenn ich wusste, wonach ich in Lissabon gesucht hatte. Abgesehen davon gab es keinen Ort, an den ich zurückkonnte. Ich fühlte mich wie jemand, der im All herumtrudelte. Und nun war ich hier in meiner schönen eigenen Wohnung, und nichts fühlte sich so an, wie ich es mir erhofft hatte. Aber ich hatte den ersten Schritt getan, und ich gab ungern auf. Ich wollte irgendwo ankommen. Die Frage war nur, wo – auf dem Sozialamt oder dort, wo ich wirklich sein wollte.

Ich setzte mich an meinen Küchentisch und schrieb in mein Tagebuch. Das Schreiben war meine Psychotherapie. Es half mir, meine Gedanken zu sortieren und mich zu entlasten. «Heute treffe ich wieder eine Abmachung mit mir selber. Meine Wohnung ist eingerichtet. Alles ist so, wie ich es mir gewünscht habe. Außer mir selber steht mir nichts im Weg. Jetzt ist das nächste Ziel von meiner Liste dran, und dafür werde ich jeden Tag an meiner neuen Buchidee arbeiten. Meine Herausforderung ist es, meinen Weg allein zu gehen, ohne jemanden, der mir sagt, wo es langgeht, und mich an die Hand nimmt. Ich muss auf mich und meine Intuition hören. Das fällt mir schwer, aber ich muss es lernen.»

Ein Blatt Papier segelte aus meinem Tagebuch auf den Küchenboden. Ich zog es mit dem Fuß zu mir heran und hob es auf. Es war eines meiner Lieblingsgedichte von Konstantinos Kavafis, das mich vor über zwanzig Jahren durch meine Magisterarbeit getragen hatte. Ich überflog die Zeilen und versuchte, mich zu erinnern, wie es in mein Tagebuch gelangt war. Wahrscheinlich hatte ich das Gedicht selbst hineingelegt und es dann einfach vergessen.

Ithaka
Brichst du auf gen Ithaka,
wünsch dir eine lange Fahrt,
voller Abenteuer und Erkenntnisse.
Die Lästrygonen und Zyklopen,
den zornigen Poseidon fürchte nicht,
solcherlei wirst du auf deiner Fahrt nie finden,
wenn dein Denken hochgespannt, wenn edle
Regung deinen Geist und Körper anrührt.
Den Lästrygonen und Zyklopen,
dem wütenden Poseidon wirst du nicht begegnen,
falls du sie nicht in deiner Seele mit dir trägst,
falls deine Seele sie nicht vor dir aufbaut.
Wünsch dir eine lange Fahrt.
Der Sommermorgen möchten viele sein,
da du, mit welcher Freude und Zufriedenheit!
In nie zuvor gesehene Häfen einfährst;
Halte ein bei Handelsplätzen der Phönizier
Und erwirb die schönen Waren,
Perlmutter und Korallen, Bernstein, Ebenholz
Und erregende Essenzen aller Art,
so reichlich du vermagst, erregende Essenzen,

besuche viele Städte in Ägypten,
damit du von den Eingeweihten lernst und wieder lernst.
Immer halte Ithaka im Sinn.
Dort anzukommen ist dir vorbestimmt.
Doch beeile nur nicht deine Reise.
Besser ist, sie dauere viele Jahre;
Und alt geworden lege auf der Insel an,
reich an dem, was du auf deiner Fahrt gewannst,
und hoffe nicht, dass Ithaka dir Reichtum gäbe.
Ithaka gab dir die schöne Reise.
Du wärest ohne es nicht auf die Fahrt gegangen.
Nun hat es dir nicht mehr zu geben.
Auch wenn es sich dir ärmlich zeigt, Ithaka betrog dich nicht.
So weise, wie du wurdest, in solchem Maße erfahren,
wirst du ohnedies verstanden haben, was die Ithakas bedeuten.

Nachdenklich ließ ich das Blatt Papier auf meinen Schoß sinken. Lissabon war mein Ithaka, so viel war klar. Der Weg war das Ziel, auf halber Strecke umzukehren, kam nicht in Frage. Anstatt das Gedicht wieder zwischen die Seiten meines Tagebuches zu schieben, hängte ich es in der Küche an die Wand, damit ich es täglich vor Augen hatte und es mich erinnerte, dass ich die Lästrygonen und Zyklopen in mir trug und ich es also auch in der Hand hatte, sie zum Schweigen zu bringen.

Das Gedicht an meiner Küchenwand verfehlte seine Wirkung. In meinem Kopfkino startete allnächtlich die Serie «Was wird aus meiner Zukunft», Folge 286. Diese Telenovela war nicht sonderlich innovativ. Folge für Folge drehte es sich um das Gleiche: Geld und Zukunft oder dinheiro e futuro! Portugiesisch bitte, ich war ja schließlich in Lissabon. Der Wecker stand auf drei Uhr. Mein

Schädel schmerzte. Auf meiner verzweifelten Suche nach Schlaf war ich von Lavendel testweise auf Melatonin umgestiegen. Das Ergebnis war ernüchternd. Für ein paar Stunden fiel ich in eine Art Bewusstlosigkeit, um dann mit einem Dröhnschädel aufzuwachen und mich wie ein Zombie zu fühlen. Außerdem waren mir diese künstlichen Hormone unheimlich. Was, wenn sich die Substanz dauerhaft auf mein Gehirn auswirkte? Ich wusste, wie tragisch so etwas war. Bis um sieben Uhr wälzte ich mich im Bett hin und her, dann stand ich auf und schlurfte ins Bad. Ich fühlte mich wie ein ausgewrungener Lappen, und mein Spiegelbild sah das ähnlich. Unter meinen Augen leuchteten lilablaue Ränder, meine Lider waren geschwollen. Ein paar der künstlichen Wimpern klebten an meiner Stirn; ich hatte keine Ahnung, wie sie da hingekommen waren. Meine Couperose auf den Wangen leuchtete rot und erinnerte mich an eine Weltkarte. Meine rechtes Auge schielte; das tat es normalerweise nur, wenn ich betrunken war. Nun schafften es meine übermüdeten Sehmuskeln nicht mal mehr morgens, meine Augen synchron zu halten. Deprimiert hängte ich ein Handtuch über den Spiegel und nahm es gleich darauf wieder ab. Ich hatte ein Recht auf meine Augenränder und die anderen Zeichen meiner inneren Befindlichkeit. Nach so einer Nacht und den vielen anderen, die ähnlich mies waren, musste ich nicht gut aussehen. Statt mich zu verurteilen und mich noch tiefer in das Loch zu schubsen, in dem ich eh schon steckte, sollte ich lieber gut mit mir umgehen. Vorsichtig steckte ich einen Zeh in das kalte Wasser der Badewanne, bis mein bettwarmer Fuß sich an die Temperatur gewöhnt hatte, und kletterte erst dann ganz hinein. Die Kälte zog durch meine Füße, die Wirbelsäule hinauf bis in meinen Kopf, und der Schleier zog sich ein wenig zur Seite. «Wassertreten tonisiert und fördert die Gesundheit», hatte meine Großmutter gesagt, daher biss ich die Zähne zusammen und hoffte auf den von ihr gepriesenen Effekt. Wie bei den Kosten für die Einrichtung hatte ich auch nicht viel über anfallende Nebenkosten nachgedacht und bibberte jedes Mal, wenn eine Rechnung kam. Um meine finanzielle Misere nicht noch zu verschlimmern, knauserte ich mit Wasser und steckte beim Duschen den Stopfen in den Abfluss. Das gerettete Duschwasser verwendete ich zum Blumengießen oder für die Toilette und fühlte mich wie eine Badezimmer-Revoluzzerin. Meine Bougainvillea gedieh prächtig, und auch meine Nebenkosten gaben mir recht. Außerdem häuften sich die Nachrichten über Waldbrände, und ich fand es unpassend, jeden Tag literweise sauberes Wasser den Ausguss hinunterzujagen. Mit der Zeit verwandelten die Seifenreste die Wanne allerdings in eine gefährliche Rutschbahn. Dennoch hielt ich wacker an meiner Ressourcen-Spartechnik fest.

Das kalte Wasser von oben und von unten tat gut, und meine Kopfschmerzen ließen nach. Als ich meine Füße jedoch kaum mehr spürte, kletterte ich vorsichtig aus der Wanne und zog mich an. Punkt neun Uhr saß ich an meinem Rechner, wie jeden Tag, und wie jeden Tag starrte ich übermüdet auf den Bildschirm und fand keinen Einstieg. Meine Idee war aufzuschreiben, wie mein Leben aus den Fugen geraten war, aber ich kam nicht ins Schreiben. Mehr als eine kleine Zusammenfassung hatte ich bisher nicht zustande gekriegt. Vielleicht sollte ich doch endlich einsehen, dass ich keine Autorin war, und zu meinen Bienen zurückkehren. Außerdem steckte ich noch mittendrin in allem und wusste selber nicht, wie mir geschah. Wie sollte ich es dann aufschreiben? Ich kritzelte ein paar Stichworte auf ein Stück Papier, begann mit einer Gliederung und verwarf alles. Auch dieser Morgen war verloren, wie die vielen anderen. Vor mir lag der Kalender, auf dem ich eingetragen hatte, bis wann ich mit dem Storyboard und den Probekapiteln fertig sein wollte. Ein Tag nach dem anderen verging, ohne dass ich weiterkam. Erstmal frische Luft schnappen, entschied ich, setzte meine große Sonnenbrille auf und lief wie ein betrunkener Alien zum Praça das Flores.

«Tudo bem?», begrüßte mich die freundliche Bedienung, und pflichtgemäß antwortete ich mit «Sim». Es hatte einem gut zu gehen, jedenfalls wenn man danach gefragt wurde. Sie reichte mir meinen Mazagran über den Tresen, nicht ohne vorher ein paar Nachbarschaftsprozente vom Preis abzuziehen, und wünschte mir einen schönen Tag. Die Mischung aus Espresso, Zitronensaft, Zucker und Minze war der perfekte Energiekick für meinen verschlafenen Kopf und schmeckte erstaunlich gut. Unsicher balancierte ich meinen Becher zu einem Tisch, wobei die Hälfte des kostbaren Wachmachers auf dem unebenen Pflaster landete. Mir gegenüber saßen ein paar alte Männer mit Schiebermütze und Zigarren im Mundwinkel beim Kartenspiel. «Rentner müsste man sein», dachte ich neidisch und stellte mir vor, wie herrlich es sein müsste, sorglos in den Tag zu leben und nur das zu tun, was einem Spaß machte. Konnte es etwas Schöneres geben? Neben den Rentnern saßen Touristen und beratschlagten, was sie als Nächstes besichtigen wollten. Ein Pärchen am Nebentisch ging mir auf den Wecker. Viel zu jung, viel zu attraktiv und viel zu verliebt; sie drangen mit ihrem Selfiestick immer wieder in meinen Luftraum ein und machten ein Foto nach dem anderen. Ihre unnatürlichen Lachgrimassen und ihr Geturtele machten mich aggressiv. Was fiel denen ein, so unbekümmert und selbstverliebt zu sein? Ich stellte mir vor, der Tusse mit den aufgeklebten Fingernägeln und dem Tribal-Tattoo, das sich vom Arm bis zu den Schultern zog, das Sangriaglas ins sonnenverbrannte Dekolleté zu kippen. Mein Schlafmangel machte mich mürrisch. Zuweilen erkannte ich mich nicht wieder, wenn ich im Stillen Gift und Galle spuckte.

Verliebte Paare, und junge noch dazu, waren ein Angriff auf der ganzen Linie, denn ihr Anblick erinnerte mich an das, was ich vermisste: einen Gefährten, Vertrauten und Lieblingsmenschen. Ich nahm meinen Mazagran und schlenderte zum Springbrunnen in der Mitte des Platzes. Auf den Bänken rund um die Fontäne saßen ein paar alte Frauen und tratschten, vielleicht waren es die Ehefrauen der kartenspielenden Rentner. Ihre Gesellschaft war mir lieber. Im Gegensatz zu den alten Damen war ich noch gut beieinander und fühlte mich überlegen. Dass das ein unfairer Vergleich war, spielte in meiner Stimmungslage keine Rolle. Die Frauen gestikulierten und schimpften über irgendetwas, und ihre schrillen Stimmen schmerzten in meinem Kopf. Der Tag war schön und der Platz sowieso, aber ich war zu müde, um mich daran zu freuen. Heute war einer der Tage, an denen ich auch das Paradies als Zumutung empfand. Die Sonne funkelte durch das Blätterdach, Vögel zwitscherten, und ein paar Kinder kletterten auf den Spielgeräten im kleinen «Parque Infantil» umher. Tauben umflatterten den Springbrunnen, einige badeten und richteten sich ihr Gefieder. Ich kannte den Praça das Flores seit meiner ersten Reise und hatte mich sofort in den gemütlichen Platz verliebt. Hätte mir damals jemand gesagt, dass ich eines Tages hier wohnen würde, hätte ich es nicht geglaubt. Ich schlürfte an meinem Mazagran und zog mein Handy aus der Tasche, um mich mit Tinder abzulenken. Zwei Männer wanderten nach rechts, der Rest endete in der Tonne. Nach wie vor wurde ich nervös, wenn ich jemandem ein Like gab, und fühlte mich, als würde ich einen Betrug begehen. Von Tinder wechselte ich zu Facebook. Immer öfter überspielte ich meine Einsamkeit mit Tinder und Facebook, fühlte mich danach aber eigentlich noch mieser, wenn ich feststellte, wie viel Zeit ich damit vergeudet hatte. Eine ältere Dame kam mit ihrem Enkelkind an der Hand zum Brunnen. Sie hob das

Kind hoch, damit es mit seinen Fingerchen im Wasser patschen konnte, und sprach mit sanfter Stimme auf es ein. Die Nähe und Geborgenheit, die sie ausstrahlten, stachen mir ins Herz und schubsten mich noch tiefer in meine innere Jauchekuhle. Die Einzige, die sich freute, wenn sie mich sah, war meine Mutter, und die erkannte mich nicht mal. Meine Schlaflosigkeit laugte mich aus, und meine Ängste blockierten mich. Wie sollte ich so jemals schaffen, was ich mir vorgenommen hatte? An Tagen wie diesen verfluchte ich Lissabon und kam mir vor wie eine «lost soul», wie jemand, den niemand brauchte und den niemand vermisste.

Automatisch griff ich wieder nach meinem Handy, tippte mich durch Facebook und überflog die neusten Meldungen, ohne dass ich mich für die fröhlichen Urlaubsbilder wirklich interessierte. Der Nachrichtenwert lag bei unter null, und für ein «Like» war ich zu grimmig. Mir fiel ein Posting ins Auge: «Arbeiten, wo andere Urlaub machen». «Unternehmen stellt ein. Überdurchschnittliche Bezahlung, Unterkunft wird gestellt, kostenlose Flüge in die Heimat und viele weitere Vergünstigungen. Jetzt bewerben», las ich und überlegte. «Vielleicht ist das eine Idee. Ein Call-Center?! Nie und nimmer! Dafür bin ich nicht hier. Es wäre zumindest ein Plan B. Nee, ohne mich. Angucken schadet nichts.» Mein inneres Team plapperte durcheinander, und irgendwann tippte ich auf «Jetzt bewerben». «Starten Sie Ihre Karriere schon heute. Schicken Sie uns Ihren Lebenslauf. Wir freuen uns auf Sie», stand unter dem Foto einer attraktiven, jungen Frau, die mit einem Headset auf dem Kopf in die Kamera lächelte. Lebenslauf? Genervt klickte ich das Posting weg. Das war umständlicher, als ich gedacht hatte. Ich hatte keinen Lebenslauf und noch nie einen geschrieben. Alle meine Jobs hatten sich so ergeben, und irgendwann war ich selbständig.

Die Latten der Bank drückten und trieben mich hoch. Ich

schlenderte ziellos die Rua Nova da Piedade in Richtung des Parlamentsgebäudes «Assembleia da Republica» hinab. Wenn ich lief, kam ich auf andere Gedanken. Meistens besserte sich meine Stimmung, und manchmal wurde der Rest des Tages dann sogar noch ganz schön. Vor dem Parlamentsgebäude hatte sich eine Handvoll Demonstranten versammelt. Einer hatte ein Megaphon in der Hand und skandierte etwas, das ich nicht verstand. In unregelmäßigem Abstand applaudierten die anderen und nickten zustimmend. Ein paar Polizisten standen gelangweilt daneben und kauten Kaugummi. Die Portugiesen erschienen mir friedlich und überhaupt nicht auf Krawall gebürstet. Von Unterschriftensammlungen, Bürgerinitiativen oder Hausbesetzungen hatte ich hier noch nie etwas gehört. Wenn gemeinnützige Kulturzentren wegen lukrativerer Hotelpläne geschlossen wurden, wünschte ich mir die deutsche Protestlust herbei. Aber die Menschen hier erduldeten, wie die Gentrifizierung die Stadt in Lichtgeschwindigkeit veränderte, und eine Kulturinitiative nach der anderen verschwand. Nur ganz langsam formierte sich hier und da harmloser Protest. Quietschend bog die Eléctrico E28 um die Kurve und hielt direkt vor meiner Nase. Die gelben Straßenbahnen mit ihren rundlichen Formen und dem Scheinwerfer in der Mitte erinnerten mich an ein Minion, eines der süß-sympathischen Wesen, die ich aus dem Kino kannte. Die Türen öffneten sich scheppernd, und ohne zu überlegen stieg ich ein und tauchte ein in die gediegene Atmosphäre des vorigen Jahrhunderts mit Bänken aus Holz, Hinweisschildern aus Emaille und ganz viel Charme. Die Straßenbahn war fast leer. Das kam selten vor. Meistens waren die pittoresken Électricos so voll von Touristen, dass ich es vorzog, zu Fuß zu gehen. Ich ließ mich auf eine der Bänke fallen, und die Bahn schnaufte die steile Calçada da Estrela hinauf. Nur drei Stationen später stieg ich wieder aus und betrat den Park durch eines der großen schmiedeeisernen Tore gegenüber der Basilica da Estrela. Ich setzte mich unter einen Baum, der so weit wie möglich vom Trubel entfernt lag, und lehnte mich an den Stamm. Die Sonne schob sich hinter einer Wolke hervor und wärmte mein Gesicht. Ein wohliger Schauer lief über meinen Rücken. Ich schloss die Augen und lauschte den Geräuschen. Lissabon klang anders als Schleswig-Holstein. In den Bäumen krächzten Papageien anstatt Krähen. Die kleinen grünen Vögel fielen auch manchmal über die Bäume unterhalb meiner Wohnung her, veranstalteten kurzfristig ein großes Gezeter und verschwanden wieder. Der Wind trug Kindergeschrei und das Rattern der Straßenbahn an mein Ohr. Irgendwo ging die Sirene eines Krankenwagens, die wie aus einem amerikanischen Film klang. Eine Böe fuhr durch die trockenen Blätter einer Palme, und das Geräusch erinnerte mich den Urlaub in der Karibik, in dem ich und mein Mann geheiratet hatten, und auch ein bisschen an das Rascheln des Laubes, wenn ich im Herbst durch das Wäldchen vor unserem Haus zum Meer lief. Es kam mir vor, als läge das alles Ewigkeiten zurück, dabei war es gerade mal ein halbes Jahr her, seit mich der Wind hierhergeweht hatte. Das harte Gras, das um diese Jahreszeit noch grün und saftig aussah, bevor es im Sommer vertrocknete und braun wurde, stach durch meine Hose hindurch und pikste in meine Beine. Wieder las ich die Anzeige des Call-Centers – konnte ich mir vorstellen, dort zu arbeiten? Vielleicht nur so lange, bis ich mich ein bisschen stabilisiert hatte? Unbewusst seufzte ich, und ein Pärchen, das ein paar Meter neben mir auf der Wiese lag, schaute sich überrascht zu mir um. Ich öffnete Google Maps, um den Standort zu suchen. Die Firma lag nicht weit von meiner Wohnung entfernt. Ich würde immerhin zu Fuß hingehen können. Irgendetwas kitzelte auf meiner Haut. Ich sprang auf und schüttelte hektisch meine Hosenbeine aus. Glücklicherweise war es keine Kakerlake, das einzige Insekt, das mir wirklich zuwider war und das ich auf gar keinen Fall aus Versehen in meine Wohnung schleppen wollte. Ich entdeckte nur ein paar Ameisen, die sich in meine Hose verirrt hatten und mich empört bissen.

Ich schlenderte durch den Park, zählte die Schildkröten im Teich am «Bananacafé» und kaufte mir ein Eis. Angucken konnte nicht schaden, dachte ich, und mein Entschluss, das Call-Center wenigstens mal anzuschauen, verfestigte sich. «Nur zur Orientierung», flüsterte ich, wie immer, wenn ich mich auf etwas einließ, von dem ich nicht wusste, ob es gut oder schlecht war. Es war mir lieber zu wissen, womit ich es zu tun hatte, dann konnte ich immer noch entscheiden. Bevor ich meine Meinung änderte, machte mich auf den Weg.

Im Erdgeschoss des Firmengebäudes befand sich ein Fitnesscenter. Hinter den bodentiefen Fenstern reihte sich ein Laufband ans andere. Verschwitzte Menschen mit knallroten Köpfen liefen auf der Stelle und sahen dabei alles andere als fröhlich aus. Nie würde ich an dieser Art von Sport gefallen finden, dachte ich und lobte mir meine ehemalige Joggingrunde entlang der Ostsee mit Blick aufs Wasser. An der Fassade hing ein überdimensioniertes Firmenschild. Ansonsten sah das Gebäude aus wie alle Bürogebäude. Von außen zu schauen brachte mich nicht weiter, also betrat ich das Foyer und fuhr mit dem Fahrstuhl in den dritten Stock. «We are hiring. Talk to Diogo», stand auf der Tür zu einem Großraumbüro. Auf dem Flur vor dem Eingang lungerten ein paar Leute herum und rauchten. Mein Aufzug in Jogginghose und Beanie-Mütze fiel nicht auf. Die anderen sahen nicht viel anderes aus. Blitzschnell taxierte ich das Durchschnittsalter und wusste auf der Stelle, dass ich hier die Oma sein würde. Meine zukünftigen

Kollegen wirkten nicht gerade lebendig, eher das Gegenteil. Wortlos standen sie um einen Aschenbecher herum und tippten auf ihren Handys herum, jeder in seiner eigenen Welt. Um ihren Hals baumelten Ausweise mit ihren Fotos. Einer nickte mir zu, als würde ich bereits dazugehören. Ich versuchte, mich unsichtbar zu machen, drückte ich mich an den Rauchern vorbei und betrat die Räume des Call-Centers. Die Schleuse am Eingang piepte laut, und ein rotes Licht blinkte – mein Camouflage-Auftritt war geplatzt. Jetzt wusste jeder, dass ich da war.

«Hey, how are you. I'm Diogo, the Teamleader. Can I help you?» Ein dynamischer junger Mann reckte seinen Hals über eine Trennwand. Er thronte in der Mitte des Großraumbüros auf einem Podest und hatte alle Mitarbeiter im Blick. Ich stammelte eine Entschuldigung für mein unangemeldetes Erscheinen und erklärte, dass ich mich für einen Job interessierte. Das schien Diogo zu gefallen. Er sprang auf, kam von seinem Podest herunter und streckte mir freudestrahlend seine Hand entgegen. Ohne Umschweife führte er mich durch das Büro, als wäre ich bereits eingestellt. Währenddessen erzählte er, dass die Mitarbeiter in zwei Schichten arbeiteten und welche attraktiven Vergünstigungen mich erwarteten. Ein gekrümmter Rücken reihte sich neben den anderen, alle trugen Headsets und hatten einen Computer vor der Nase. Es war eng, und die Luft war verbraucht. An den Decken hingen Neonröhren und produzierten genau die Atmosphäre, die mich auf der Stelle jeglicher Motivation beraubte. Es summte wie in einem Bienenstock. Zögerlich quetschte ich mich zwischen den Reihen hindurch und fürchtete, dass ich hier nicht rauskommen würde, ohne einen Vertrag unterschrieben zu haben. Diogo führte mich zu einem kleinen, fensterlosen Konferenzraum an der Seite des Großraumbüros und sprach wie ein Wasserfall. Es gab mehrere Job-Möglichkeiten, und ich konnte mir aussuchen, welche Aufgabe mir zusagte. Eine klang gar nicht so schlecht. Es ging darum, Inhaltsangaben von Filmen und Serien auf die Website eines Pay-TV-Senders zu stellen. Acht Stunden lang Copy and Paste. Teilzeit war nicht möglich, und Homeoffice erst recht nicht. Als Lohn winkten 800 Euro netto plus Essensgutscheine. Ein Flug pro Jahr nach Hause war auch noch drin. Lissabon war teuer, von dem Geld konnte ich vielleicht mit Ach und Krach leben. Mehr aber auch nicht, und die Zeit für meine eigentlichen Ziele wäre futsch. Ich tat so, als wäre ich an dem Copy-and-Paste-Job interessiert, und das war ein Fehler. Diogo sprang auf und führte mich zu zwei Mitarbeitern, die in einer Art Pferch aus grauen Trennwänden saßen und mit der Arbeit für den Pay-TV-Sender beschäftigt waren. «Die beiden arbeiten dich gleich mal ein», sagte er und verschwand. Verdattert blickte ich ihm nach und wusste nicht, wie mir geschah. Eine der Mitarbeiterinnen rettete mich. Sie war Schweizerin, sprach Deutsch und zeigte mir, wie sie die Inhalte von A nach B beförderte, dann in einer Datenbank abhakte und den Inhalt zur nächsten Serie irgendwo hinkopierte. Dann ließ sie mich probieren. Innerhalb von ein paar Minuten war klar, worum es ging, und ich führte fließbandartig die gleichen Handgriffe aus. Schon nach ein paar Minuten ödete der Job mich an. Ich hatte genug gesehen und bedankte mich bei ihr. Auf dem Weg nach draußen reckte Diogo seinen Kopf wieder über die Trennwand und bat mich um meine persönlichen Daten, damit er mich als neue Mitarbeiterin in seinem System anlegen konnte. Meine Bewerbung könne ich später nachreichen, die sei fürs Erste nicht so wichtig, sagte er und zwinkerte mir zu. «When can you start?», fragte er mich. Ich wusste nicht, was ich sagen sollte, aber wollte ihn nicht vor den Kopf stoßen, daher rief ich «Soon. I will call you» über meine Schulter und verschwand. Erst im Fahrstuhl fühlte ich mich sicher, und auf dem Weg nach unten wurde mir klar, dass ich niemals bei Diogo oder in einem anderen Call-Center arbeiten wollen würde – dafür war der Besuch hilfreich gewesen. Jetzt wusste ich immerhin, was ich ganz bestimmt nicht wollte. Zu Hause angekommen, setzte ich mich sofort an den Schreibtisch und arbeitete an meiner Buchidee.

Home, sweet home

«Ich bin's», rief ich in die Gegensprechanlage. «Moment, ich komme runter», antwortete mein Onkel, und der Summer erklang. Ich stemmte mich gegen die schwere Holztür, betrat den Hausflur des Jugendstilhauses in Hamburg-Winterhude und wartete darauf, dass mein Onkel aus dem 4. Stock zu mir ins Erdgeschoss kam. Das Haus strahlte Beständigkeit und Sicherheit aus; genau das, was mir in meinem Leben fehlte und was ich dringend brauchte. Schon im gediegenen Entree mit den mit Marmor verkleideten Wänden und Wandspiegeln fiel eine Last von mir ab. Es war richtig, Lissabon für ein paar Tage zu verlassen, um in vertrauter Umgebung zur Ruhe und zu Kräften zu kommen. Eigentlich war ich eher geflüchtet.

Ein paar Nächte zuvor hatte ich wieder einen Albtraum gehabt, und mir war auf einmal sonnenklar gewesen, dass ich den Kreislauf aus Schlaflosigkeit und Angst durchbrechen musste, sonst würde ich nicht von der Stelle kommen. In meinem Traum hatte ich in der Mitte einer Wippe gestanden. Sie wackelte heftig, und ich ruderte wie wild mit den Armen, um im Gleichgewicht zu bleiben. Ich wollte mich ausruhen, Luft holen und einen Überblick gewinnen, damit ich langsam, aber sicher weitergehen konnte, aber dazu kam es nicht. Der Balken neigte sich von alleine zur Seite und wackelte immer stärker. Vergeblich versuchte ich, das Gleichgewicht zu halten und irgendetwas zu finden, das mir Halt gab, aber da war nichts. Ich stürzte ab von dem Balken, der mein Leben war. Angsterfüllt war ich hochgeschreckt und hatte gewusst, dass ich etwas verändern musste. Meine Ängste würden sich nicht in Luft auflösen.

Gleich am nächsten Morgen hatte ich meinem Onkel eine Nachricht geschickt und gefragt, ob ich ein paar Tage bei ihm unterkriechen konnte. Er hatte mir umgehend geantwortet, und nun war ich hier.

Die Fahrstuhltür öffnete sich, und mein Onkel trat auf den Flur. Er sah gut und gerne 20 Jahre jünger aus, als er war. Er war der Bruder meiner Mutter und mir seit Kindertagen vertraut, aber erst nach dem Tod meines Vaters hatte ich ihn näher kennen- und schätzen gelernt. Mit seinen 87 Jahren war er ein Vorbild in Sachen Alter. Seit Jahren lief er morgens mindestens eine Stunde mit seinen Nordic-Walking-Stöcken durch den Stadtpark oder an der Alster entlang. Er trainierte sein Gleichgewicht auf der Slackline im Alstervorland, war Vegetarier und aß nur zweimal am Tag. Er hatte ein Smartphone, konfigurierte seinen neuen Laptop selber und las alles, was ihm in die Finger kam. Er war ständig auf Achse, besuchte Konzerte oder Kongresse über die Zukunft Europas und klapperte mit seinem alten Golf regelmäßig den kleiner werdenden Kreis von Verwandten und Freunden ab.

Mein Onkel zog sein großes Schlüsselbund aus der Tasche und schloss die Kellertür auf. Gemeinsam stiegen wir die Treppe hinab und betraten sein Abteil. Alles war ordentlich und aufgeräumt; kein Vergleich zum chaotischen Haushalt meiner Eltern. Im hintersten Winkel lagerten ein paar meiner Habseligkeiten. Ich sichtete den Inhalt des Umzugskartons und der Einkaufstasche von Ikea. Es war alles da, was ich für ein paar Tage brauchte. Irgendwann hatte ich eine Zahnbürste, einen Schlafanzug und ein paar Klamotten sowie eine dicke Jacke bei ihm deponiert, damit ich nicht jedes Mal in meinem Lager übernachten musste. Ich klemmte mir die Tasche unter den Arm, mein Onkel nahm den Karton, und gemeinsam fuhren wir hoch in seine Wohnung. Die behagliche Wärme und das vertraute Mobiliar, das sich seit meiner Kindheit nicht verändert hatte, umfingen mich, und ich fühlte mich auf der Stelle geborgen. Hier schien die Zeit stehengeblieben, und das war genau das, was ich brauchte. Die Wohnung weckte Erinnerungen. Ich sah meine dynamische Tante, die jahrzehntelang die Großfamilie in die riesige Altbauwohnung eingeladen hatte. Mit ihrem Engagement und Familiensinn hatte sie dafür gesorgt, dass die Familienbande generationsübergreifend gestärkt und erhalten blieben. Freunde kamen und gingen wieder, Ehepartner erweiterten den Familienkreis, und Enkelkinder wurden geboren. Irgendwann starben die ersten Familienmitglieder, und der Kreis wurde wieder kleiner, bis meine Tante eines Tages selber starb und die Tradition fürs Erste erlosch, bis mein Onkel sie wieder aufleben ließ und einmal im Jahr am 1. Advent zum Kaffee einlud. Noch nie war mir so bewusst gewesen wie an jenem Tag, wie wertvoll das Engagement meiner Tante für die Familie gewesen war, und Dankbarkeit erfüllte mich.

Der dicke Teppich im Flur, über den ich schon als Kind gerannt oder mit meinem Hüpfball gehüpft war, schluckte meine Schritte. An den Wänden hingen nach wie vor die selbstgemalten Kinderbilder meiner Cousine. Sogar die Seife im Gäste-WC schien die gleiche wie früher, aber das war eigentlich unmöglich.

Seit dem Tod meiner Tante und dem Auszug seiner Kinder überließ mein Onkel die leerstehenden Zimmer Freunden oder Verwandten. In seiner WG lebte er in wechselnder Besetzung mit seinen Enkelkindern, die zum Studieren nach Hamburg kamen, oder Freunden, die aufgrund von Scheidungen oder anderen Notfällen eine Bleibe suchten und sich in die behagliche Atmosphäre seiner Wohnung flüchteten, bis sie sich gefangen hatten und in ihre eigenen vier Wände zogen. Jetzt war ich einer der Notfälle, die bei ihm unterkrochen. Mein Onkel kochte uns einen Tee, und ich fädelte mich auf die Sitzbank in der Küche, die ich ebenfalls seit Kinderzeiten kannte. Ich erzählte ihm, wie es mir ging, und fühlte mich dabei wie ein Teenager, der den die Herausforderungen der Adoleszenz nicht gewachsen war und wieder Zuflucht bei seinen Eltern suchte. Mein Onkel war das Gegenteil meines Vaters. Er konnte zuhören, zeigte Interesse und bewertete nicht, was er hörte. Er nahm alles so hin und suchte nach Lösungen, anstatt sich die Dinge vom Leib zu halten. Er war pragmatisch und klebte nicht in Denkmustern fest. Stundenlang saßen wir in der Küche, und ich erzählte, was mich bewegte. Da war jemand, dem ich nicht egal war, der mir zuhörte und vor dem ich mich nicht rechtfertigen musste. In der gemütlichen Wohnküche meines Onkels fühlte ich mich geborgen, und mir dämmerte, wie bestärkend und ermutigend «Familie» sein konnte und nicht oft begrenzend und entwertend, wie ich mein eigenes Elternhaus empfunden hatte. Ein Betonbrocken nach dem anderen plumpste von meinen Schultern. Die Entscheidung, ein paar Tage nach Deutschland zu fahren, um aufzutanken, war goldrichtig gewesen.

Todmüde kroch ich abends unter die blau karierte Bettdecke in meinem Kinderzimmer auf Zeit und schlief zum ersten Mal seit Wochen durch.

Am nächsten Morgen um sieben Uhr weckte mich das Klacken der Haustür. Ich horchte und wusste, dass mein Onkel zu seiner Nordic-Walking-Tour aufgebrochen war. Voller Elan sprang ich aus meinem Bett und zog mich an. Der Himmel war blau, und im Hinterhof zwitscherten die Vögel. Ich schnappte mir ein Paar Nordic-Walking-Stöcke, die für Gäste in verschiedenen Größen im Schirmständer im Flur standen, und verließ das Haus. Der Stadtpark lag nur fünf Minuten entfernt, und um diese Zeit waren erst wenige Menschen unterwegs. Die Luft tat gut und pustete meinen Kopf frei. Parks wie dieser fehlten mir in Lissabon, und auch die kalte Luft, die die Wangen rötete und in den Lungen biss, wenn man zu tief einatmete. Die große Wiese am Planetarium schimmerte grau vor Reif. Enten dümpelten verschlafen auf dem See, und ein paar Schwäne trieben ruhig über die spiegelglatte Wasseroberfläche. Langsam kletterte die Sonne hinter den Bäumen empor und funkelte zwischen den Blättern hindurch. Ich setzte mich an den Stamm einer alten Eiche. Die Stärke des Baumes im Rücken tat gut, und ich hatte das Gefühl, dass sich in meinem Inneren etwas aufrichtete. Als mir kalt wurde, lief ich weiter kreuz und quer durch den Park. Auf dem Rückweg entdeckte ich einen Trimm-dich-Parcours. Ich hängte mich an ein Klettergerüst und dehnte meine Muskeln. Während mich die Schwerkraft in die Länge zog, fiel mein Blick auf eine hölzerne Hängebrücke, deren Elemente mit Ketten verbunden waren. Auf beiden Seiten gab es ein Geländer zum Festhalten. Die Brücke machte mich neugierig. Ich ließ mich auf den weichen Waldboden fallen und schlenderte zu dem Schild, das im Boden steckte. «Trainieren Sie Ihre Koordination und Balance», las ich. Auf drei Zeichnungen lief ein Männchen vorwärts, seitlich und rückwärts, ohne sich am Geländer festzuhalten. Ich legte meine Stöcke beiseite und stieg auf die erste noch fest verankerte Bohle. Einen Moment sammelte ich mich, dann wagte ich den ersten Schritt. Der Balken unter meinen Füßen bewegte sich zu allen Seiten. Wie ein Propeller mit Unwucht ruderte ich mit den Armen, um nicht abzustürzen. Hastig griff ich nach dem rettenden Geländer. Ein paar Spaziergänger, die mit ihren Vierbeinern am Parcours vorbeiliefen, lenkten mich ab. Ich wartete ab, bis sie weg waren, dann ließ ich los und wagte den nächsten Schritt. Mittlerweile schwankte die ganze Brücke zu allen Seiten. Ich verkrampfte und krallte mich wieder am Geländer fest. Meine Beine fühlten sich an wie eingegipst, als ich auf die nächste Bohle stakste. Wieder verlor ich das Gleichgewicht und rettete mich ans Geländer. Meine Unfähigkeit ärgerte mich. Das Männchen auf dem Schild lief nicht nur freihändig, sondern sah auch noch fröhlich dabei aus. Ein öffentlicher Trimm-dich-Parcours konnte doch nicht so schwer sein, dass nur Profis das hinbekamen, dachte ich grimmig und gab auf. Im Gehen beobachtete ich, wie eine ältere Dame auf die Brücke zusteuerte. Behände tänzelte sie über die Bohlen, die nach meinen vergeblichen Versuchen noch wild in alle Richtungen pendelten. Beschämt, dass ich das nicht hinbekommen hatte, obwohl ich bestimmt zwanzig Jahre jünger als sie war, beobachtete ich ihre elastischen Bewegungen. Mir fiel mein Albtraum mit der Brücke über der Schlucht ein, und plötzlich hatte ich eine Idee.

«Wenn ich lerne, mich auf den schwankenden Untergrund einzustellen, ohne mich festzuhalten, dann könnte mir das vielleicht helfen, mit meinen Herausforderungen besser klarzukommen, um Schritt für Schritt ans Ziel zu kommen», dachte ich, und das erhebende Gefühl einer Idee durchströmte mich. In den nächsten Tagen ging ich täglich zur Brücke und übte, freihändig auf die andere Seite zu gelangen. Es dauerte eine Weile, dann hatte ich den Bogen raus. Eigentlich war es ganz einfach. Ich spannte die Beinmuskeln und den Teil meines Bauches an, den meine Yogalehrerin «Powerhouse» nannte. Nur leicht, damit ich nicht verkrampfte, dann fokussierte ich mein Ziel, blendete meine Umgebung aus und blieb ganz bei mir. Wenn die Bohlen zu sehr schwankten, ging ich elastisch mit oder gönnte mir eine Pause, bis es nicht mehr so wackelte. Dann ging ich vorsichtig, aber nicht zu langsam weiter. Meine Hängebrücken-Übung tat gut, und ich hatte das Gefühl, dass sich ein paar meiner Gehirnwindungen neu verknüpften. Ich konnte meine Ziele erreichen, wenn ich bei mir blieb, wenn ich die vielen Stimmen, die in meinem Kopf plapperten und mich ablenkten, zum Schweigen brachte. Wenn ich mich fokussierte, ohne zu verkrampfen, und versuchte, auf meine Gefühle und meine Intuition zu hören.

Die zwei Wochen bei meinem Onkel vergingen wie im Fluge, und ich fühlte mich wie in einem Sanatorium. Er bot mir an, länger zu bleiben, und das Angebot war verlockend, aber ich wollte zurück nach Lissabon. Ich hatte Heimweh und das Bedürfnis, da weiterzumachen, wo ich aufgehört hatte. Auf alle Fälle wusste ich, dass ich immer bei ihm willkommen war, und diese Gewissheit tat gut.

Gegen Mittag ging mein Flieger. Vorher musste ich noch einen Auftrag für meine portugiesischen Imkerkollegen erledigen. Diesmal würde ich nicht allein, sondern mit drei Königinnen der Gattung Apis mellifera carnica in meinem Handgepäck reisen. Ganz früh am Morgen war ich zu meinem Imkerfreund aufs Land gefahren. Wir hatten drei Bienenköniginnen aus ihrem Hofstaat gepickt, in flache Gitterkästchen gesetzt, ein paar Gesellschafterinnen sowie Wegzehrung dazugegeben und die Kästchen in einen Briefumschlag gesteckt. Mein Imkerfreund war für seine edlen Königinnen bekannt. Dank ihm konnte ich ohne Handschuhe und ohne Schutzanzug arbeiten, da seine Bienen sanft waren. Er schickte seine gekörten Königinnen sogar per Post nach Russland und nach Australien. Bevor er mir die kostbare Fracht überreichte, hatte er einen Locher zur Hand genommen und vorsichtig ein paar Luftlöcher ringsherum in den Rand gestanzt, damit die Immen auch genug Luft bekamen. Meine Imkerfreunde in Lissabon warteten schon auf die Bienen aus Deutschland, mit denen sie Sanftmut in ihre Völker kreuzen wollten. Anfangs belächelte ich ihre Erzählungen über ihre ach so aggressiven Bienen und tat sie als Angeberei ab. Bestimmt wollten sie bei der blonden Imkerin aus Deutschland, die eines Tages vor ihrer Vereinstür gestanden hatte, mit den Geschichten über Horrorbienen Eindruck schinden, dachte ich. Mein erster Besuch bei den portugiesischen Bienen im Park Florestal de Monsanto hatte mich eines Besseren belehrt. Schon 100 Meter bevor wir den Standplatz erreichten, baten sie mich, meinen Imkeranzug anzuziehen. Der Imkervorsitzende hatte meine Hosenbeine und die Stulpen der Handschuhe mit Klebeband umwickelt, damit nirgendwo Bienen eindringen konnten. Ich ließ mir die Behandlung schmunzelnd gefallen und tat sie insgeheim als übertriebene Vorsichtsmaßnahme ab. Meine Freunde waren sowieso viel zimperlicher als ich. Sie gingen nicht bei Regen hinaus und schlossen nachts die Fenster, um sich nicht zu erkälten. Glücklicherweise hatte ich diesmal ihre Fürsorglichkeit akzeptiert. Kaum näherten wir uns den Bienenstöcken, schossen die ersten Immen auf uns zu und kreisten wütend um unsere Köpfe. Innerhalb kürzester Zeit war meine Jeans mit Stacheln gespickt, und meine Beine brannten wie Feuer. Kleinlaut ließ ich den Profis den Vortritt, verkrümelte mich in den Hintergrund und begnügte mich damit, Fotos zu machen. Dennoch ließen die Bienen nicht von mir ab und verfolgten mich weiterhin. Mittags, als die Sonne im Zenit stand, rann mir der Schweiß über die Stirn, und der Geruch reizte die Immen zusätzlich. In der portugiesischen Hitze zu imkern war kein Vergnügen. António hatte mir erklärt, dass die afrikanischen Gene der

Apis mellifera iberiensis für die Aggressivität ihrer Bienen verantwortlich waren. Begeistert stimmte er zu, als ich ihm anbot, aus Deutschland ein paar sanftmütige Königinnen mitzubringen, und versprach mir schmunzelnd, die neue Linie seiner Bienenzucht Apis mellifera agnensis zu nennen. Ich vergewisserte mich, dass der Umschlag auch gut verschlossen war, dann ließ ich ihn in meine Handtasche gleiten und fühlte mich dabei wie eine Schmugglerin. Das wütende Summen der drei Bienenköniginnen samt ihrem kleinen Hofstaat von je drei bis vier Arbeitsbienen wurde leiser. Den Bienen ging es gut, und ich fühlte mich wie ein Drogenkurier und stellte mir vor, wie António und ich am Flughafen Umschlag gegen Geld tauschten.

Hastig umarmte ich meinen Imkerfreund, der mir jahrelang mit Rat und Tat zur Seite gestanden hatte, warf meinen Bienenstöcken, die unter anderem auch bei ihm Asyl gefunden hatten, ein paar Kusshände zu und stieg ins Auto. Auf der Strecke nach Hamburg wurde seit Jahren gebaut, und ich hatte in der Vergangenheit schon Stunden im Stau gestanden, das wollte ich mit meiner kostbaren Fracht nicht riskieren. Ich legte meine Tasche mit den Immen vorsichtig im Fußraum des Beifahrersitzes ab und ließ den Wagen die Auffahrt hinabrollen. Bevor ich auf die Bundesstraße Richtung Autobahn bog, zögerte ich einen Moment und ging im Geiste meinen Zeitplan durch. Vielleicht war ein kleiner Umweg doch drin, rechnete ich und bog statt nach rechts in die entgegengesetzte Richtung ab. «Nur mal kurz gucken», dachte ich voller Nostalgie und steuerte gen alte Heimat. Mein Herz klopfte heftiger, und mein Magen zog sich zusammen. Kalter Schweiß trat auf meine Stirn, und ich hatte Schwierigkeiten, mich auf den Verkehr zu konzentrieren. «Es ist noch zu früh», entschied ich, hielt an und wendete. Auf einmal wurde mir klar, wie wenig ich die Ereignisse der letzten Monate verarbeitet hatte. Ich gab Gas. Meinen Rückflug nach Lissabon wollte ich auf keinen Fall verpassen. Nicht nur wegen der Bienen.

Mein erstes Mal

Nach ein paar Tagen mit bedecktem Himmel schien endlich wieder die Sonne. Der Tag war perfekt. Endlich wollte ich wagen, was ich seit langem vor mir herschob: Heute stand Autofahren auf meinem Programm, bevor sich meine Angst vor dem chaotischen Straßenverkehr Lissabons verselbständigte. Mittlerweile hatte sie sich zu einem überdimensionierten Gespenst aufgeblasen, und es war an der Zeit, diesen Bann zu brechen. Schließlich fuhr ich seit 30 Jahren unfallfrei, hatte meine Bienen im Anhänger kreuz und quer durch Schleswig-Holstein gekarrt und Pferde transportiert. Abgesehen von meiner realen und quälenden Existenzangst fand ich meine sonstigen Ängste harmlos, zuweilen sogar lustig. Sie waren exotisch und zeichneten sich durch ihre spontane Entstehung und ihr schnelles Verschwinden aus. Musste ich beispielsweise an einer abschüssigen Straße mit dem Auto stoppen, dann entwickelte ich eine Zurückrollangst. Es konnte ja sein, dass die Bremsen gerade in diesem Moment versagten. Ging ich unter einem Hang entlang, meldete sich die Angst vor Steinschlag, und wenn auf dem Boden irgendein Gegenstand herumlag oder eine Baustelle ungenügend abgesichert war, entwickelte ich die Angst, ein älterer Mensch könne stürzen. Ein Oberschenkelhalsbruch konnte der Anfang vom Ende sein, und das galt es zu vermeiden. In den Fällen, in denen viele meiner Freundinnen Angst hatten, zuckte ich nicht mal mit der Wimper.

Ich hatte keine Angst vor Dunkelheit, scheute mich nicht, alleine im Wald spazieren zu gehen, oder schlief allein in einsamen Häusern und im Kofferraum meines Kastenwagens. Ich nahm mittelgroße Spinnen und dicke Erdkröten in die Hand, riss die Zecken meiner Katze mit der Hand aus und hatte keine Angst vor Spritzen. Manchmal dachte ich darüber nach, eine Spinnenphobie vorzutäuschen, um mich dann schutzsuchend hinter einem Kavalier verstecken zu können, der mich retten und sich wie ein Held fühlen würde. Was meine kleinen Alltagsängste betraf, hatte ich eine Maxime: Ich tolerierte sie, sofern sie mich nicht einschränkten. Was das Autofahren in Lissabon betraf, war der Zeitpunkt zum Handeln gekommen. Die Bedingungen waren günstig, und die Stadt wie ausgestorben. Dona Leonor, mein Seismograph für Feiertage, hatte bereits abends mit ihrem Mann ihren Kombi gepackt und war früh am Morgen aufs Land gefahren. Wenn ich sie vom Balkon aus dabei beobachtete, wie sie Kühlboxen, unzählige Taschen und anderen Kram ins Auto schleppte, wusste ich, dass ein Gedenktag anstand. Dann feierten die Portugiesen das Wunder der Unbefleckten Empfängnis, einen Heiligen oder einen ihrer politischen Feiertage und fuhren aufs Land. Um mich für die Herausforderung fit zu machen und Zeit zu schinden, weil mir mein Vorhaben trotz meines festen Willens nicht ganz geheuer war, machte ich erstmal Morgengymnastik. Ich hängte mich für meine «Balkonübung» mit meinem ganzen Gewicht an das Geländer, streckte meinen Po, so weit es ging, nach hinten und dehnte meinen Rücken. Danach beugte ich meinen Oberkörper nach rechts und links, rollte mich ein paarmal auf und ab und hatte endlich das Gefühl, dass alles wieder am richtigen Platz war. Zu guter Letzt schaufelte mir im Bad eiskaltes Wasser ins Gesicht, trank einen extrastarken Kaffee und zog mich an.

Mit feuchten Händen öffnete ich die DriveNow-App und

klickte auf das Reservierungssymbol. Meine heutige Therapeutin in Sachen Freiheit und Unabhängigkeit hieß «Sofia» und war ein flotter, weißer BMW. Die Uhr lief. Es gab kein Zurück. Meine Beine fühlten sich an wie Gummi, als ich mich auf den Weg machte. «Sofia» war hübsch und ultramodern; so ein Auto war ich noch nie gefahren. Ich tippte meinen Code ein, und mit einem wohlwollenden Schnurren öffnete sich die Türverriegelung. Mein Display wünschte mir «Boa viagem», und ich stieg ein. Ich schaute mich um, als würde ich das erste Mal in einem Auto sitzen. Und so war es ja eigentlich auch, zumindest in so einem Luxus-Schlitten. Der Innenraum roch nach der aufwendigen Kreation eines Duft-Designers, sportlich, elegant und mit einem Hauch Hightech.

Ich fühlte mich wie eine Fahrschülerin bei ihrer ersten Stunde. Nervös ruckelte ich an Sitz und Rückspiegel herum, bis es nichts mehr zu justieren gab, schickte ein Stoßgebet zum Himmel und drückte den Start-Knopf. Nichts geschah. Ich probierte es erneut, aber Sofia blieb stumm. Weder im Handschuhfach noch in einer der Seitentaschen gab es eine Betriebsanleitung, also checkte ich die App nach einer Hotline. Eine freundliche Stimme meldete sich auf Portugiesisch. Auf Englisch stammelte ich, was mein Problem war, und wartete zehn Minuten, bis ich endlich mit einem englischsprachigen Mitarbeiter verbunden wurde. «Ah, okay, I have to put my foot on the brake while starting», wiederholte ich, damit ich nach der langen Zeit in der Warteschleife auch wirklich verstand, was er mir erklärte. Ich bedankte mich überschwänglich und warf mein Handy lässig auf den Beifahrersitz, als hätte ich das eigentlich selber gewusst und den Mitarbeiter nur prüfen wollen. Das Display meines Handys zeigte bereits 9,97 Euro an, bevor ich das Auto überhaupt in Gang gebracht hatte. Kurz darauf surrte der Motor, und ein fernsehergroßes Navi schob sich aus dem Armaturenbrett. Eine Frau begrüßte mich auf Portugiesisch, aber ich ersparte mir die Suche nach den Spracheinstellungen. Das Display war groß genug, um den Weg auch so zu erkennen. «Wo will ich überhaupt hin?», fragte ich mich, drehte den großen Drehknopf hin und her. In der «Heute-fahre-ich-endlich-Auto-Aufregung» hatte ich das total vergessen. «Ich hab's», frohlockte ich, «ich fahre zum Mittagessen zum Praia do Guincho», und fand meine Idee wild und gleichzeitig mondän. Zum Mittagessen extra irgendwo hinzufahren war etwas für wohlhabende Leute, die zum Aperitif ein Gläschen Champagner bestellten, und nichts für jemanden wie mich, der nachts auf Grund von Existenzängsten nicht schlafen konnte. Mein Ausflug verfolgte jedoch therapeutische Ziele, und dieser Zweck heiligte die Mittel.

Endlich hatte ich den Strand bei Cascais in der Liste der Ziele gefunden. Die weibliche Stimme des Navis forderte mich auf, an der nächsten Kreuzung links abzubiegen. «Auf geht's», ermunterte ich mich und rührte mit dem Schaltknauf, um den Rückwärtsgang einzulegen. Auf dem edel schimmernden Knauf war kein Platz für eine profane Abbildung der Gänge, daher probierte ich es so, wie ich es von anderen Autos gewohnt war. Jedes Mal, wenn ich von der Bremse ging, weil ich der Meinung war, im Rückwärtsgang zu sein, schob sich Sofia tiefer in die Lücke – es fehlten nur noch ein paar Zentimeter bis zum Bordstein. Immer aggressiver zerrte ich an dem Knauf, aber Sofia bockte und fuhr nur vorwärts. Zum Glück fiel mir ein, dass ein Freund in Deutschland ein ähnliches Auto fährt. Er erklärte mir am Telefon, wie die Gangschaltung funktionierte, und tatsächlich setzte sich Sofia in Bewegung. Sobald der Wagen fuhr, schwand meine Angst. Ich bog auf die Avenida da Liberdade, und die erste Schikane ließ nicht lange auf sich warten. Vor mir tat sich der

Kreisel am Marquês de Pombal auf. «Augen zu und durch», dachte ich und steuerte Sofia mitten rein in das unübersichtliche Gewirr aus Spuren und Ausfahrten. Zum Glück war nicht viel los. Im Schneckentempo umrundete ich ein paarmal den Platz mit der knapp 40 Meter hohen Statue des Marquês in seiner Mitte, bis ich verstand, wo das Navi mich hinleiten wollte. Vom Kreisel ging es in einen Tunnel und dann endlich auf die Autobahn. Ohne weitere Zwischenfälle kam ich nach einer Stunde am Praia do Guincho an. Mein Deo hatte versagt, und mein Kopf war knallrot, als ich mich in die Strandbar setzte, aber ich war stolz auf mich, und darauf kam es an. Mir dämmerte, dass diese Fahrt einen Haufen Geld kosten würde, daher bestellte ich anstelle von Champagner und Austern nur eine Portion Pommes und ein Wasser und genoss die Freiheit, die ich mir erobert hatte. Mein Mut reichte nicht, um in der Dämmerung zu fahren, ich wollte es nicht gleich übertreiben, daher brach ich eine Stunde später wieder auf. Diesmal wählte ich die Avendia Marquinal, die Route, die entlang des Tejo bis nach Lissabon führte. Lässig ließ ich meinen Ellenbogen aus dem Fenster hängen und lenkte nur mit einer Hand.

An einer Ampel würgte ich Sofia ab. Der Wagen quittierte seinen Dienst, und alle Anzeigen und Instrumente gingen aus. Hinter mir bildete sich eine länger und länger werdende Schlange. Die Ampel wurde grün. Ich stand. Schweißperlen traten auf meine Stirn. Die Ampel schaltete auf Rot, ich atmete auf und hoffte, bei der nächsten Grünphase startklar zu sein. Aber nichts tat sich. Mein Kopf schwirrte, und mein Puls raste. Ich rechnete damit, dass ein Hupkonzert losbrechen oder jemand aussteigen und mich anschreien würde, wie ich es in Deutschland erlebt hatte. Hektisch drückte ich auf dem Start-Knopf herum, trat abwechselnd auf die Bremse oder das Pedal und hoffte auf irgendeine

Reaktion, aber Sofia blieb stumm – und wählte ein weiteres Mal an diesem Tag die Nummer der Hotline. Natürlich konnte die Dame mir nicht helfen, und als ich während des Telefonats geistesabwesend auf den Start-Knopf drückte, geschah das Wunder: Der Wagen sprang an und tat so, als wäre nichts gewesen. Nach mehr als fünf Minuten ging es endlich weiter, und niemand hatte gehupt oder gemeckert.

Endlich kam ich wieder heil in Lissabon an, manövrierte Sofia zu guter Letzt ohne Kratzer oder Dellen in eine enge Lücke und wandelte wie auf Wolken nach Hause. Fürs nächste Wochenende plante ich gleich wieder einen Trip. Sofia wollte ich allerdings nicht wieder fahren, die war mir einfach zu launisch.

Meine Therapiestunde hatte mich so viel wie ein Wochenendtrip gekostet, aber das war es mir wert.

~~ Hände weg von Latin Lovern ~~

Es fühlte sich an, als würde seine Hand nach mir greifen und mich sanft, aber bestimmt zu ihm hinziehen. Dabei waren es nur seine braunen Augen, die auf mir ruhten. Mein Herz schlug schneller, und in meinem Bauch schwirrte ein Bienenschwarm. Unsere Blicke verfingen sich, und innerhalb einer Nanosekunde wusste ich, dass vor mir der Mann für meine kissing spots und für einiges mehr saß. Das Plätschern des Springbrunnens im Patio webte einen Vorhang, hinter dem nur noch wir beide existierten. Der Schein der Kerzen hüllte uns in goldenes Licht, und die meditativen Klänge aus den Lautsprechern trugen mich an einen Ort, zu dem mein Verstand keinen Zugang hatte.

Wir saßen in meinem Lieblingsrestaurant «Jardim dos Sentidos» und warteten auf unser Essen. Joãos Augen glänzten im Kerzenlicht, graue Strähnen durchzogen sein gelocktes Haar, und seine Haut schimmerte oliv. Nur mit Mühe folgte ich unserem Gespräch. Immer wieder krochen meine Augen zu seinem nachlässig geknöpften Hemd, unter dem ich die Konturen seiner muskulösen Brust erahnen konnte.

Typ «Mamas Liebling», hatte ich nur zwei Tage vorher noch naserümpfend geurteilt, als ich checkte, von wem das «Superlike» stammte, das mir jemand gegeben hatte. Auf dem Profilfoto lächelte mir ein verträumter Mann entgegen, der mich eher an einen Labradorwelpen als an einen heißblütigen Latin Lover erinnerte. Joãos Text machte mich jedoch neugierig. Lernen, sich weiterentwickeln und die Komfortzone verlassen, in Kombination mit seiner Leidenschaft für Kochen, Wandern und Wein trinken, das klang interessant. Für ein nettes Abendessen langte es allemal. Mittlerweile hatte ich meine Scheu vor Tinder überwunden und ein paar Erfahrungen gesammelt. Was blieb mir auch anderes übrig? Ich war neu in der Stadt und auf der Suche nach Freunden, im besten Fall nach einer neuen «Number One». Tinder war der einfachste Weg, auch wenn ich zu 99 Prozent nach links wischte. Sonnenbebrillte und tätowierte Männer, die vor heißen Motorrädern oder Angeberautos posierten und als einziges Hobby die Fußballclubs Benfica oder Sporting nannten, interessierten mich nicht. Mit dem verbleibenden Prozentsatz hatte ich gute Erfahrungen gemacht. Immerhin hatte ich ein paar Freunde gefunden, mit denen ich ins Kino gehen, kochen oder ausgehen konnte. Nur das Date mit dem «Frutarier», einem Mann, der ausschließlich Obst aß, steckte mir noch in den Knochen – oder in der Nase, um genau zu sein. Der Mann war nett, das war nicht das Thema. Sein säuerlich-süßer Geruch nach überreifen Früchten, der auf meine Seite des Tisches waberte, und seine unregelmäßig abgeschliffenen Zähne, die mich an das Gebiss meines Ponys aus Kinderzeiten erinnerten, waren unerträglich. Stück für Stück war ich mit meinem Stuhl weiter nach hinten gerückt, bis ich an den Nachbartisch stieß und nicht weiter zurückkonnte. Ich erfand eine Ausrede und verschwand.

Schon von weitem wusste ich, dass João kein tapsiger Welpe, sondern ein attraktiver Latin Lover war. Zudem war er reflektiert, entwaffnend offen und wie ich auf der Suche nach sich selbst. Er war Vegetarier und sogar in meinem Alter. Hingerissen hing ich an seinen Lippen, bekam aber nur die Hälfte mit. Meine Aufmerksamkeit wanderte zu seinen Brusthaaren, die verheißungsvoll aus dem Ausschnitt seines Hemdes blitzten, und ich stellte mir vor, meine Nase darin zu versenken. Offensichtlich dachte er etwas Ähnliches, denn plötzlich beugte er sich über den Tisch, zog meinen Kopf sanft zu sich und gab mir einen langen Kuss mitten auf den Mund. Mein norddeutscher Deich, der mich stets vor allzu großen Gefühlsstürmen geschützt hatte, zerbröselte in einer Woge von Leidenschaft. Ich war verliebt, und zwar auf der Stelle. Kein Menü dieser Welt konnte den Kuss toppen, der mir auf den Lippen brannte. Ich schlang mein Seitan-Gulasch mit roten Linsen und Salat hinunter, damit endlich zusammenkam, was zusammengehörte. Während João mir von seinen drei Kindern erzählte, begann ich, in Gedanken Brote zu schmieren und einen Rucksack mit Proviant für unsere Wandertouren und Strandbesuche zu packen. Ich lag auf einem imaginären Teppich im Wohnzimmer und übte mit seinem 11-jährigen Sohn Englisch, lernte im Gegenzug Portugiesisch und schlenderte mit seiner Tochter durch H&M und beriet sie in Styling-Fragen. Als Kinderlose reichte mein Fürsorgebedürfnis für mehr als einen Mann, daher war mir Familienanschluss willkommen.

Plötzlich schwebte eine Gabel mit Tofu, Gemüse und Reis vor meinem Mund und riss mich aus meinen Träumen. Mir wurde heiß, jedoch nicht vor erotischer Begeisterung, sondern aus Sorge. Wegen eines Augenfehlers griff ich manchmal daneben, lief gegen Türrahmen oder schmiss etwas um. In Kombination mit meiner Alterssichtigkeit wurde Joãos neckische Geste zu einer echten Herausforderung, wenn ich nicht wollte, dass mir der Tofu plötzlich an der Wange klebte. Blitzschnell überlegte ich, wie ich aus der Nummer rauskam, ohne ihn vor den Kopf zu stoßen, und entschied mich für die laszive Variante. Also schloss ich meine Augen, öffnete meine Lippen und harrte der Dinge, die da kamen. Kontrollverlust in Reinform; eigentlich hasste ich das. Statt das Spielchen zu genießen, fühlte ich mich so sexy wie ein blindes Küken, dem der Vogelpapa einen Wurm in den Rachen stopfte. Ich überlegte, wie ich die Aktion beenden konnte, bevor er auf die Idee kam, mir sein ganzes Essen auf diese Art und Weise zu verabreichen, streckte mein Bein weit unter den Tisch und rieb es an seinem. Mein Plan ging auf. Joãos Aufmerksamkeit und Hand wanderten nach unten. Ich bewegte mich auf dünnem Eis, denn das verhieß mehr, als es zu diesem Zeitpunkt sollte. Nervös rutschte ich auf meinem Stuhl hin und her und versuchte, die Zügel wieder in die Hand zu bekommen. Obwohl unsere Teller noch halbvoll waren, rief ich nach dem Kellner und bat um die Rechnung. Das abrupte Ende schien João nicht zu stören, ganz im Gegenteil, er begrüßte meine Initiative. Neben der Rechnung brachte der Kellner ein Schälchen mit einer Kräutermischung und stellte es João vor die Nase. «Für einen guten Atem», sagte er verschwörerisch und zwinkerte ihm zu. Kurz fühlte ich mich wie ein Objekt in einem abgekarteten Spiel, doch dann griff ich in einem unbeobachteten Moment selber in das Schälchen. Sicherheitshalber ließ ich einen kleinen Vorrat in meine Tasche rieseln; der Abend war schließlich noch jung.

Wir verließen das Restaurant und schlenderten die Treppe an der Rua de Mãe de Água Richtung Príncipe Real hinauf. Ein kühler Wind blies um die Häuser. Fröstelnd schlang ich meine Arme um meinen Körper. Sofort zog João sein Jackett aus und legte es mir über die Schultern. Und nicht nur das: Er griff nach meiner Hand und verschränkte seine Finger mit den meinen. Irritiert, aber auch entzückt ließ ich ihn gewähren. In der Öffentlichkeit Händchen zu halten, war für mich ein Bekenntnis, bedeutungsvoller als Knutschen oder Sex. Wenn ich mit jemandem Hand in Hand durch die Straßen lief, dann hatte ich mich entschieden und ging davon aus, dass das bei meinem Gegenüber genauso war.

Auf Wolke 7 schwebte ich an Joãos Hand die steile Treppe hinauf. Oben angekommen, hatten wir bereits die Planungen für ein Campingwochenende an der Costa Vicentina, einen Trip durch Portugal und eine Pilgertour nach Santiago de Compostela angestoßen. Ich war begeistert. Neben mir lief der Mann für meinen nächsten Lebensabschnitt. João war der Mann aus Rosas Prophezeiung und meine fehlende Eierhälfte, das war klar wie Kloßbrühe.

Die knorrige Krone des jahrhundertealten Wacholder-Baumes im Jardim do Príncipe Real breitete sich wie ein Baldachin über uns aus. Die Nadeln des Baumes schluckten die Lichter der Straßenlaternen, und die Bank verwandelte sich in ein Séparée mitten in der Stadt. João legte seinen Arm um meine Schulter, und alle Probleme, die dort seit Monaten festgewachsen waren, fielen augenblicklich von mir ab. Er drehte sanft meinen Kopf zu sich, sodass unsere Nasen aneinanderstießen, und schaute mir bis auf den Grund meiner Seele. «I'm happy that I found you», flüsterte er und gab mir einen Kuss. Kurz darauf strich ich einen meiner kissing spots als «approved» von meiner Liste. Als selbst Joãos Nähe nicht mehr gegen die Kühle der Nacht ankam, brachte er mich nach Hause. Er versuchte nicht, mit hochzukommen, und das hieß für mich, dass es ihm um mehr als ein Abenteuer ging. Selig lag ich in meinem Bett und konnte nicht einschlafen. Diesmal vor Aufregung und nicht vor Angst.

«I think I'm a little bit in love with you», murmelte ich etwa vier Wochen später, während wir an meinem Küchentisch saßen und Salat aßen. Seit unserem ersten Date im «Jardim do Sentidos» hatten wir uns so oft wie möglich gesehen. Ich hatte João in meinen Freundeskreis eingeführt, und er hatte Pläne geschmiedet, mich bei meinem nächsten Trip nach Deutschland zu begleiten. Handtücher und Badezeug flatterten an der Leine in der abendlichen Brise. Ein herrlicher Strandtag an der Costa da Caparica lag hinter uns. Sandkörner klebten an meinen Beinen und piksten unter meinen nackten Füßen, und der Duft von Meer, Strand und Sonnencreme hing in der Luft. Verbale Liebesbekundungen waren nicht mein Ding, aber die fremde Sprache half, und so hatte ich spontan rausgelassen, was rausmusste.

Jo, wie ich ihn mittlerweile nannte, machte ein Gesicht, als hätte er auf einen Olivenkern gebissen. «Is the food not okay?», fragte ich besorgt und rechnete damit, dass er den Kern ausspucken und meine Liebesbekundung mit einem Kuss beantworten würde. Aber es kam kein Kern und erst recht kein Kuss. «Don't talk about love. Let's enjoy the moments without any expectations», sagte er, und ich spürte, wie sich eine unsichtbare Wand zwischen uns schob. Seine verbale Backpfeife saß. Meine Fröhlichkeit klatschte auf den Boden und zersplitterte in 1000 Stücke. In meinen Gedanken ging ich die vergangenen Wochen durch und suchte nach Hinweisen, die ich übersehen oder missgedeutet haben könnte. Aber mir fiel nichts auf. Jo hatte Tempo und Intensität vorgegeben. Außer dass ich ihm bereitwillig und vertrauensvoll gefolgt war, fand ich nichts, was ich mir vorzuwerfen hatte. Den Rest des Abends saßen wir uns schweigend gegenüber und vermieden es, uns in die Augen zu schauen. Eine halbe Stunde später brach er auf. Als ich ihm wie immer vom Balkon hinterherschaute und er sich nicht wie sonst nach mir umdrehte, dämmerte mir, dass ich ihn so schnell nicht wieder sehen würde.

Am nächsten Tag schickte ich ihm eine SMS, aber João antwortete mir nicht. Alle paar Minuten griff ich zu meinem Handy in der Hoffnung, endlich von ihm zu hören. Tausendmal las ich, was wir uns per WhatsApp geschrieben hatten, betrachtete unsere Selfies, und wenn sein Status mit einem Mal zu «online» wechselte, wartete ich sehnsüchtig auf seine Nachricht und hatte das Gefühl, ihm nah zu sein. Aber Jo ließ mich schmoren. Nach zwei Tagen rief ich an, aber er nahm nicht ab. Sein Schweigen kettete mich noch mehr an ihn, und meine Gedanken kreisten permanent um dieselbe Frage: Was habe ich falsch gemacht? Anstatt wütend zu werden, zerfleischte ich mich mit Vorwürfen. Hatte ich ihn mit meiner harmlosen Liebesbekundung in die Enge getrieben? Wusste der Arme nicht, wie er seine Gefühle ausdrücken sollte? Ich füllte Seite um Seite meines Tagebuches, aber das half nicht, mich von ihm zu lösen, stattdessen klebte ich fester an ihm, wie an einer fleischfressenden Pflanze, die mich bei lebendigem Leibe verdaute. Die Muster ähnelten sich. Ich lerne jemanden kennen, man ging miteinander aus, es fühlte sich gut an, und ein paar Tage später war alles anders, als es den Anschein hatte. Wenn ich jemanden mochte, gute Gespräche führte und die Chemie stimmte, dann war das für mich ein potenzieller Beginn und nicht das Ende. Die portugiesischen Männer funktionierten allerdings anders, und darauf fiel ich immer wieder rein. Während ich noch auf Wolke 7 schwebte, trudelten die Guten-Morgen-Messages mit einem Mal erst am Nachmittag ein, der Kuss-Smiley wich einer neutraleren Winkehand, und man(n) musste abends Überstunden machen. Dann brach der Kontakt ganz ab.

Ich drehte am Rad und begriff nicht, was passiert war. Eine weitere Modeschmuckkette, die mir nur ein paar Tage zuvor von gebräunten Männerhänden mit schmeichelnden Worten um den Hals gelegt wurde, landete in der Schublade meiner Badezimmerkommode und verhakte sich mit den anderen zu einem Knäuel aus enttäuschten Hoffnungen. Stundenlang spielte ich jede Begegnung durch, ohne zu begreifen, warum die frisch gestartete Romanze schon wieder vorbei war. Meine Verlässlichkeit und Ernsthaftigkeit kamen da einfach nicht hinterher.

Ich erinnerte mich an die Voodooaktion meiner Freundin, nahm eine Banane aus meinem Obstkorb und stach mit einem Messer auf sie ein, bis sie braun und matschig war. Deutlich besser fühlte ich mich danach nicht. Schon mal hatte es mir geholfen, wenn ich sah, was mich bewegte, und wie ein Hubschrauber von oben auf alles hinabschaute, also nahm ich eine zweite Banane und einen Apfel. Jo war die Banane und ich der Apfel. Wie sollte es anders sein? Ich lehnte die Banane an einen Krug und legte den Apfel daneben. Dann schrieb ich auf, was ich sah: «João überragt mich. Er schaut über mich weg und zeigt mir die kalte Schulter. Ich gleite an ihm ab, fühle mich klein und bin dennoch auf ihn fokussiert. Anstatt ihn zum Teufel zu jagen, hoffe und warte ich, dass er sich mir zuwendet. Aber das passiert nicht, und ich fühle mich minderwertig. Das bisschen, was ich mal hatte, mag ich nicht loslassen und erliege dem Irrtum, dass ich nur mehr tun muss, damit ich endlich das bekomme, was ich mir so sehr wünsche.»

Während ich niederschrieb, was mir meine fruchtige Versuchsanordnung zu sagen schien, tauchte auf einmal mein Vater in meinen Gedanken auf. Ich sah ihn, wie er auf seinem Sockel thronte und über mich hinwegschaute. Manchmal warf er mir einen Krumen Aufmerksamkeit zu, auf den ich mich ausgehungert stürzte, froh, überhaupt mal ein Bröckchen zu bekommen. Erschüttert erkannte ich, dass sich mein Verhältnis zu meinem Vater in mein Unterbewusstsein wie der Grand Canyon in sein Flussbett gegraben hatte und beeinflusste, welchen Männern ich hinterherlief. Die Erkenntnis tat weh. Wütend kickte ich die Banane um, holte eine Tasse und legte «meinen» Apfel darauf. Jetzt war das Verhältnis umgekehrt. Ich fühlte mich auf dem Sockel nicht mehr so verletzlich und überschaute die Situation. Eigentlich fühlte es sich auch ganz gut an, den Spieß umzudrehen und mal auf einen Mann hinabzuschauen. Ich brauche ein solides Fundament, das nicht so löchrig ist wie ein Schweizer Käse, dachte ich und überlegte, woraus das bestehen könnte. Die ersten Fruchtfliegen machten sich über die matschige Banane her, und ich beendete meinen Versuch. Geheilt von Jo war ich zwar noch lange nicht, aber immerhin hatte ich etwas Klarheit über mich erlangt.

Sebastians Hände strichen über meinen Körper. Genau das hatte ich gebraucht. Seine Praxis lag nur fünf Minuten von meiner Wohnung entfernt, und wenn es mir schlecht ging, war er meine letzte Rettung. Ich hatte Glück. Er ging sofort ans Telefon und hatte noch am selben Tag einen Termin für mich frei. Das war nicht selbstverständlich, denn er war gut gebucht. Sebastian kam aus Berlin und lebte schon seit zwanzig Jahren in Lissabon. Mein rechter Arm und mein rechtes Bein baumelten in Schlaufen in der Luft. Der Duft des Massageöls stieg in meine Nase, und die ätherischen Öle von Rosmarin, Orange und Lavendel entfalteten ihre wohltuende Wirkung. Mit seinen sanften Händen tastete Sebastian meine Wirbelsäule hinab und massierte Muskeln, von deren Existenz ich nichts gewusst hatte. Wenn seine Finger sich in eine allzu harte Verspannung bohrten, stöhnte ich, und er lockerte seinen Griff. Ich ging nicht nur zu ihm, wenn ich auf einem der halsbrecherischen Bürgersteige Lissabons ins Nichts getreten und mir dabei einen Wirbel verrenkt hatte. Inzwischen ging ich eher zu Sebastian, wenn meine Seele eingerenkt werden musste oder ich mich einsam fühlte. Dann kam ich mir vor wie eine der vielen Rentnerinnen, die in Deutschland die Sprechzimmer füllten, weil sie Ansprache brauchten.

Ich war wegen der Sache mit João immer noch traurig, und es

gelang mir nicht, ihn endlich zu vergessen. Mein selbstgesteckter Abgabetermin für mein Exposé nahte, und anstatt aufzudrehen, schlaffte ich ab und pulte mir die Worte einzeln aus dem Gehirn. Selbst Motivationsversuche diverser Meditationen wie «Atme dich kreativ» oder «Finde deine innere Stärke» perlten an mir ab. Mobilisierung von verschütteten Energiereserven? Fehlanzeige! Widerwillig überlegte ich morgens, in welcher Bibliothek ich diesmal nach dem Flow suchen wollte. Dann packte ich meinen Rucksack, verließ das Haus und saß traurig vor meinem Laptop, froh, wenn ich wenigstens ein paar Korrekturen geschafft hatte. Weder ein Tag am Strand oder ein Ausflug ins Grüne noch eine Akupunktur für mehr «Fokus» hatten mich bisher aufbauen können. Nun legte ich alle meine Hoffnung in Sebastians Hände und hoffte, dass sie den unsichtbaren Knopf fanden, der mich von João befreien würde.

Mit geschlossenen Augen genoss ich die professionellen Berührungen auf meinem Körper. Sie gaben mir das Gefühl, nicht alleine zu sein, auch wenn es nur die Hände eines Osteopathen waren. Ausnahmsweise dachte ich an gar nichts. «Aua, das tut weh», schrie ich. Sebastian bearbeitete meinen «Psoas». Vielleicht war es kein Zufall, dass der Name des Muskels, der mir am meisten Problem machte, dem Namen des portugiesischen Schriftstellerhelden Fernando Pessoa ähnelte. Die Schmerzen ließen nach, und ich glitt zurück in einen glückseligen Dämmerzustand. Hier zwischen Realität und Nirwana ahnte ich auf einmal, warum Jo und auch ein paar seiner Vorgänger so schnell von mir abließen. Offenbar lechzte ich zu sehr nach Nähe. Ein Funken genügte, und ich stand in Flammen, euphorisch und allzu bereit, mich auf mehr einzulassen. Das konnte nicht funktionieren, denn Portugiesen waren Raubtiere. SMS-Bombardements, Händchenhalten und kleine Geschenke waren Mittel zum Zweck, um mich einzulullen und willig zu machen. Sobald sie ihren «Kill» gelandet hatten und ich an ihrer Angel hing, war ihr Selbstwertgefühl befriedigt. Dass Latin Lover so tickten, war gemeinhin bekannt. Der Begriff fand sich sogar bei Wikipedia, und eigentlich hielt ich mich für schlau genug, solche Männer im Vorfeld zu erkennen. Die portugiesischen Männer waren allerdings subtiler, und das checkte ich einfach nicht. Sie stolzierten nicht wie Gockel mit geschwellter Brust umher, krähten laut und stellten ihr Gefieder zur Schau. Sie waren dezent, zurückhaltend und emotional. Sie schwärmten für Poesie und guten Wein, trugen mir meine Einkaufstaschen vom Markt nach Hause, halfen beim Kochen und bestanden darauf, nach dem Essen abzuwaschen. Im Glauben, dass sie ernsthaftes Interesse hatten, ließ ich mir bereitwillig ihren Modeschmuck umhängen, auch wenn der Tand mir nicht gefiel. Und gerade war es wieder passiert. Jo hatte mich in Flammen gesetzt und türmte, als der Brand um sich griff.

«Lass los und mach dich locker. Deine Muskeln sind hart wie Draht», riss Sebastian mich aus meinen Gedanken. «Loslassen, das ist ja gerade mein Problem», jammerte ich. «Ich will nicht loslassen. Ich will umarmen!»

Nach der Massage ging ich ins Schwimmbad. Die hellblauen Kacheln zogen an mir vorbei, und das eintönige Gitternetz ihrer grauen Fugen flimmerte vor meinen Augen. Die Sonne, die durch die riesigen Fensterflächen schien, warf tanzende Flecken auf den Boden des Beckens, und das Wasser gurgelte in meinen Ohren. Meine Schwimmbrille verrutschte, und meine Augen brannten vom Chlor, aber ich ignorierte den Schmerz und kraulte Bahn um Bahn. Die Eintönigkeit entspannte mich. Endlich wurde es in meinem Kopf still.

Der Pool des Clube Nacional de Natação lag in meiner Nachbarschaft. Dreimal die Woche kam ich hierher und drehte meine Runden. Die Umkleidekabinen und Duschen hatten schon bessere Zeiten gesehen, und nachdem ich den Aufnahmeantrag unterschrieben hatte, kaufte ich mir erst einmal ein Puder gegen Fußpilz. Die fröhliche Frau am Empfangstresen, die mich jedes Mal mit ihrem breiten Lächeln und einem Augenzwinkern empfing, machte die schäbige Ausstattung mehr als wett, und irgendwann fielen mir die rostigen Leitungen und die altmodische Ausstattung nicht mehr auf.

Um die Mittagszeit war der Club leer. Auch diesmal hatte ich Glück und eine Bahn für mich allein. Im August flüchteten die Lisboetas aus der Hitze der Stadt und zogen sich an die Algarve oder einen der anderen unzähligen Strände zurück. Nur die Damen der Wassergymnastikgruppe absolvierten kichernd und plappernd im seichten Teil des Beckens ihre Übungen. Am Ende der Stunde kletterte eine nach der anderen aus dem Becken und gab dem athletischen Bademeister links und rechts ein feuchtes Abschiedsküsschen.

Ich drehte mich auf den Rücken, stieß mich vom Beckenrand ab und fixierte die Planken an der Decke, um nicht abzudriften. Ab und an plätscherte eine Welle über mein Gesicht. Wasser sickerte in meine Nase, lief in meinen Rachen und brannte in meiner Kehle. Aber das machte mir nichts, ich genoss einfach nur die Schwerelosigkeit. Am liebsten war mir der Moment, wenn ich am Ende erschöpft aus dem Becken stieg. Dann fühlte ich mich, als hätte das Chlor mich desinfiziert und das Wasser meine Seele durchgespült.

Ich zog mich an einem der Sprungbretter hoch und ließ mich von meinem Körpergewicht in die Länge ziehen. Als meine Muskeln von der Spannung schmerzten, ließ ich mich fallen. Das Wasser schlug über meinem Kopf zusammen, ich schluckte einen

Schwall Wasser und ploppte wie eine Boje zurück an die Oberfläche. Durch die beschlagenen Gläser meiner Schwimmbrille erkannte ich den orange leuchtenden Rettungsring, der an der gegenüberliegenden Beckenseite an der Wand hing. Bisher hatte ich das Ding keines Blickes gewürdigt, aber auf einmal sprang er mich geradezu an. «Umarme deinen Mangel», schien mir das Loch in seiner Mitte zuzurufen. Jedes Mal, wenn ich meinen Kopf am Ende der Bahn aus dem Wasser hob und den Rettungsring sah, bohrte sich der Satz tiefer in meinen Kopf. Irgendwie klang das gut und ergab Sinn. Sollte ich vielleicht mein eigener Rettungsring sein, anstatt darauf zu hoffen, dass ein Mann mir gab, was mir fehlte? Sollte ich meine Gefühle von Verlassenheit, meine Selbstzweifel, oder was auch immer mir fehlte, umarmen und annehmen? Was hatte ich nicht bereits seit Jahrzehnten alles versucht, um das Gefühl des «Mangels» in mir aufzufüllen. Weder gute Leistungen noch Klamotten, Kosmetika oder anderes hatten dieses Gefühl befriedet. Vielleicht war nicht «füllen» der Weg, sondern «umarmen» – wie der Ring das Nichts in seiner Mitte umfing und damit zu einem Rettungsring wurde. «Meinen Mangel umarmen», dieser Satz klang für mich revolutionär. Ich fühlte mich auf einmal ganz weise, als hätte ich eine bedeutende Entdeckung gemacht. Ab jetzt würde ich versuchen, mich selbst zu umarmen, und zwar so lange, bis der Richtige kam.

Mein Lissabon-Geheimnis

Become a Volunteer at Re-Food», warb das Plakat am Eingang des Supermarktes. Neugierig las ich das Kleingedruckte. Ein gemeinnütziger Verein namens Re-Food suchte Freiwillige, die überschüssige Lebensmittel aus Restaurants, Supermärkten und Bäckereien einsammelten, um sie an Bedürftige weiterzugeben. Die Idee gefiel mir, und die Organisation war ganz in meiner Nähe. Gleich am nächsten Tag machte ich Nägel mit Köpfen und suchte die Adresse auf, damit mein Elan nicht erlahmte.

Leere Obstkisten, Kübel voller Müll und Kartons stapelten sich vor den schäbigen Hintereingängen der Restaurants. Ein paar Typen in fleckigen Kochjacken oder mit Schürzen saßen erschöpft auf Bierkästen oder lehnten an der Hauswand und rauchten. Müde Gesichter mit tiefen Augenringen; sie schauten kurz hoch und widmeten sich dann wieder ihren Handys, als ich die kopfsteingepflasterte Straße hinablief und nach der richtigen Hausnummer Ausschau hielt. Die Gasse im Bairro Alto lag etwas abseits der Straßen, in denen sich eine Bar an die andere reihte. Von weitem sah ich eine Traube von Menschen mit Tüten und Einkaufstrolleys wartend vor einem Eingang stehen. Beim Näherkommen entdeckte ich das gelbe Schild mit dem schwarzen Schriftzug «Re-Food» neben der Tür. Hier war ich richtig. Ich hockte mich auf einen Straßenpoller und wartete ebenfalls. Punkt 18 Uhr öffnete sich die Tür. Die Männer und Frauen sammelten ihre Sachen zusammen und strömten ins Innere. Mit etwas Abstand folgte ich ihnen. Der Raum sah aus wie das Wartezimmer einer Arztpraxis. Rings an den Wänden standen Stühle, und alle Plätze waren besetzt. Es roch nach kaltem Essen und altem Schweiß. Auf einer Seite stand ein Tisch, an dem ein Mann saß und Zettel ordnete. Er trug eine Schürze mit dem Logo der Organisation. Ich steuerte auf ihn zu und stellte mich vor. «Hello, welcome at Re-Food, I'm Alf. I show you where to put your stuff», überrumpelte er mich und verschwand um die Ecke, ohne dass ich Zeit hatte, etwas zu erwidern. Zögerlich folgte ich ihm und betrat eine Art Lagerraum mit deckenhohen Regalen voller Tupperdosen, Reinigungsmitteln und anderen Sachen, die in Großküchen benötigt wurden. Alf kam mir mit einer Schürze, Gummihandschuhen und einer Haube für die Haare entgegen und führte mich dann in die Küche. In der Mitte befand sich ein riesiger Edelstahltisch, auf dem sich fertig zubereitete Speisen aus Restaurants und noch eingeschweißte Lebensmittel aus dem Supermarkt türmten. Eine Gastrogeschirrspülmaschine und ein überdimensioniertes Spülbecken nahmen eine Seite der Küche ein, auf einer anderen standen sechs mannshohe Kühlschränke und einige Metallregale mit zum Trocknen ausgebreitetem Geschirr. Eine Handvoll Leute wuselten hin und her und verteilten die Lebensmittel auf Tabletts. Alf stellte mich kurz vor und verschwand wieder in den Warteraum, um die Bestellungen entgegenzunehmen. Unschlüssig beobachtete ich das Treiben und wusste nicht, was ich tun sollte. «Hey, how are you doing?», erlöste mich ein älterer Herr aus meiner Unsicherheit. Den Rest des Abends klebte ich an Jacques' Seite, versuchte, die Abläufe zu verstehen und gleichzeitig die portugiesischen Namen der Speisen zu lernen. Alf nahm die Wünsche der «Beneficiary», der Begünstigten, auf und gab sie an uns weiter. Wir stellten die Portionen zusammen und gaben die prall gefüllten Taschen an Alf zurück. Nachdem ich Jacques ein paarmal über die Schulter geschaut hatte, probierte ich es alleine. «Bacalhau, arroz, carne de vaca, carne picada», flogen mir die portugiesischen Bezeichnungen um die Ohren, und ich vergaß alles, bevor ich in der Küche ankam und mit der Bearbeitung begann. Geduldig erklärte mir Alf dreimal, was ich einpacken sollte, und die Kunden warteten ebenso geduldig, bis ich endlich mit den fertigen Tüten wieder im Wartezimmer erschien. Nach einer Stunde war ich fix und fertig, rettete mich an die Spüle und wusch die restliche Zeit Unmengen von Dosen und Geschirr ab, belud und entlud die Geschirrspülmaschine und stellte die Sachen zum Trocknen auf die Metallregale. Nach drei Stunden war alles verteilt. Müde und mit dem schönen Gefühl, etwas Sinnvolles getan zu haben, ging ich heim.

Seitdem half ich einmal in der Woche. Die Arbeit machte mir Spaß und erfüllte mich. Ich fühlte mich gebraucht, und sie lenkte von mir selber ab. Ich lernte neue Leute kennen, hörte News aus der Nachbarschaft und tauchte noch mehr in mein Viertel ein. Außerdem befriedigte die Arbeit mein Bedürfnis, Lissabons Vorzüge nicht nur zu genießen, sondern auch etwas zurückzugeben. Schließlich war ich Teil der Gentrifizierung, die mit Lichtgeschwindigkeit den Charakter der «Bairros» veränderte und Nachbarschaften zerstörte. Jacques und Alf, beide jenseits der siebzig, wurden meine Freunde. Jacques war Amerikaner und verbrachte seinen Ruhestand in Lissabon. Alf war waschechter «Alfacinha» und in Lissabon geboren. Er verfügte über ein profundes Wissen über Portugals Geschichte und Kultur, das er gerne teilte. Wir wohnten alle im selben Viertel und tranken öfters nach der Arbeit ein Glas Wein. Am Wochenende fuhr Jacques uns mit seinem Jaguar, der ansonsten unter einer Haube in der Garage stand, zu Sehenswürdigkeiten in der Umgebung, die Alf uns bis ins Detail erklärte. Meine Freundschaft zu den beiden bedeutete mir viel und hatte eine andere Qualität als meine Tinder-Bekanntschaften. Uns verbanden Werte und Überzeugungen, und es ging nicht darum zu gefallen. Ihnen konnte ich auch mal von meinen Sorgen erzählen, ohne zu befürchten, mein Gegenüber zu überfordern oder zu vergraulen. In Deutschland war ich es gewohnt gewesen, mich auch mit neuen Bekanntschaften schwuppdiwupp über Persönliches und Befindlichkeiten auszutauschen. Meine portugiesischen Freunde jedoch sprachen nicht gerne über Probleme, weder über ihre eigenen noch die von anderen. Es dauerte lange, bis ich ihre Reserviertheit verstand und nicht als Desinteresse abtat. Sie waren einfach diskret oder wollten mich nicht mit ihren Sorgen belasten.

«Was hat dich eigentlich nach Lissabon geführt?», fragte mich Jacques eines Abends, als wir nach unserer Schicht bei Re-Food mit einem Glas Wein am Quiosque saßen. Die Frage überraschte mich, und ich wusste auf die Schnelle nicht, was ich ihm antworten sollte. «Das Lebensgefühl, die Sonne oder die Schönheit der Stadt?», fragte er, und ich nickte, wusste aber, dass das nur die halbe Wahrheit war. Da war etwas anderes, etwas viel Wichtigeres und Elementareres, aber ich konnte es noch nicht greifen und erst recht nicht in Worte fassen. Also erzählte ich ihm vom Tod meines Vaters, der wie ein Funke einen Waldbrand in meinem Leben ausgelöst hatte. Wie alles zerbrach, was mich und mein Leben bis dahin ausgemacht hatte. Ich erzählte ihm von dem schmerzhaften Gefühl des Verrates, als mir klarwurde, dass mein Vater meinen Brief mit der Bitte, seiner Verantwortung gerecht zu werden, zwar gelesen, aber dennoch ignoriert hatte. Ich erzählte ihm, wie ich monatelang meine Grenzen überschritten, versucht hatte, es allen recht zu machen, vor allem meinem toten Vater, und dabei der Illusion erlegen war, ich könne posthum seine Wertschätzung erlangen, und wie ich einer Intuition folgend nach Lissabon gereist war. Jacques' Frage geisterte auch in den nächsten Tagen in meinem Kopf herum. Warum war ich hier? Leichtigkeit und Sonnenfeeling hatte ich kaum gefunden, stattdessen jede Menge Ängste, Einsamkeit und Zweifel, aber vielleicht musste das so sein, dass ich in meine tiefsten Abgründe hinabstieg, damit es am Ende gut werden konnte.

Vom Schwimmen erschöpft, lief ich die Rua Nova da Piedade hinauf. Meine Flipflops baumelten an meinem Rucksack und stupsten mir bei jedem Schritt in den Rücken. Die Sonne brannte auf mein feuchtes Haar, und ich hoffte, dass das Sagres-Bier, das ich mir nach dem Duschen in den Haaren verteilt hatte, mein Straßenköterbraun in ein flotteres Beachblond verwandelte. Als Nebeneffekt gab der Gerstensaft, sofern man ihn sparsam dosierte, Halt und Glanz ohne Kneipengeruch. Ich liebte solche Hausrezepte und hatte noch ein paar andere auf Lager. Anstelle von Bodylotion benutzte ich nach dem Schwimmen mein Kokosnussöl aus der Küche. Der leckere Tropenduft überlagerte den Chlorgeruch, und das Öl pflegte die Haut.

Vor der Assembleia da República war wieder mal gesperrt. Die Freitags-Demonstrationen hatten auch Lissabon erreicht, und das war mehr als nötig. Die Diesel, die in Deutschland keiner mehr wollte, verpesteten hier die Luft. Massen von Schulkindern schwenkten selbstgemalte Transparente und Fahnen in der einen und ein Eis in der anderen Hand. Der Verkehr staute sich in der Rua de São Bento, und die dieselgeschwängerte Luft schien wie bestellt, um dem Anliegen der Schulkinder Nachdruck zu verleihen. Wie immer stand eine lange Schlange vor dem italienischen Eisladen «Nannarella» und verstopfte den Bürgersteig. Das Eis war in der Tat köstlich. Manchmal gönnte ich mir einen kleinen

Becher, aber diesmal wollte ich meinen erkraulten Gesundheitseffekt nicht gleich wieder zunichtemachen. Ich trat auf die Straße und drückte mich an der Schlange vorbei. Und plötzlich, in dieser alltäglichen Situation, die alles andere als romantisch war, wusste ich, was mich hierhergezogen hatte. Mein Lissabon-Geheimnis war erschreckend simpel und gleichzeitig komplex: Die unsichtbare Kraft war das Bedürfnis, frei von Erwartungen, Zuschreibungen und Mustern zu mir selbst zu finden. Mich weit weg von allem, was mich zu der gemacht hatte, die ich war, ganz neu zu erfinden. Facetten meiner Persönlichkeit zu heben, die irgendwo tief verborgen waren und von denen ich bis dahin nicht wusste, dass sie existierten. Auf meiner ersten Reise hatten die lebendige und warmherzige Lebensmelodie und die morbide Schönheit Lissabons meine Sinnlichkeit geweckt. Sie wurde lebendig durch die Sonne und das ganz spezielle Licht, das sich über die Stadt ergoss. Durch die vielen milden Abende, wenn sich das Leben bis spät in die Nacht draußen abspielte. Durch die anerkennenden Blicke der Männer, die intensive Nähe, die ich auf der Suche nach einem neuen Freund erlebt hatte, auch wenn sie am Ende schmerzte. Durch das Tanzen zu afrikanischer oder brasilianischer Musik, dem Fado und durch die inspirierenden Gespräche mit Menschen aus aller Welt. Durch die Spiritualität, der ich mich immer weniger entziehen konnte, und durch all die kulinarischen Genüsse, die mir begegneten und denen ich nur schwer widerstehen konnte. Lissabon hatte meine weiche Seite zum Vorschein gebracht, die ich irgendwann mal verloren hatte. Verdrängen oder gar nicht erst spüren, hart und streng mit mir sein, darin war ich geübt. Hier hatte ich gespürt, dass da noch was anderes in mir war und ich nicht mehr wie bisher leben wollte. Meine Eltern hatten ihre Gefühle ignoriert und es am Ende teuer bezahlt – meine Mutter mit ihrer Demenz und mein Vater mit seinem Schlaganfall.

Was mich glücklich macht

Ein paar Leute standen vor der kleinen Musikkneipe in der Alfama im Beco do Vigário und rauchten. Die Tür stand einen Spalt offen, und die zarte Singstimme einer Frau drang von drinnen in die milde Abendluft. Vorsichtig schlüpfte ich auf Zehenspitzen in die Bar und schlängelte mich durch das Gedränge. Die Luft war zum Schneiden, und es roch nach Schweiß. Das Publikum lauschte mucksmäuschenstill der Sängerin, die eingeklemmt zwischen anderen Gästen auf einer Bank saß und ein brasilianisches Volkslied sang. Nachdem die letzten Töne verklangen, rieben die Zuhörer ihre Hände aneinander. Klatschen war nicht erlaubt. Das Geräusch störte die Nachbarn. Die Tejo-Bar war eine meiner Lieblingsbars, und ich hatte sie bereits auf meiner ersten Reise entdeckt. Die Einrichtung war einfach. Außer einem Tresen gab es ein paar Bänke an einer Wand, davor einfache Tischchen und ein paar Schemel. An einer Seite befand sich eine kleine Bühne, eigentlich eher ein Fleckchen, eingeklemmt zwischen einem Klavier und afrikanischen Trommeln. An den Wänden hingen Gitarren und alle möglichen anderen Musikinstrumente. Wer ein Instrument beherrschte, durfte spielen. Wer singen konnte, sang. Menschen aus aller Welt trafen hier zufällig aufeinander, musizierten und verschwanden am Ende des Abends wieder in verschiedene Himmelsrichtungen. Bevor ein neues Lied angestimmt wurde und der Barkeeper für die Dauer des Stückes den Ausschank einstellte, kaufte ich mir schnell ein Glas Rotwein und setzte mich auf einen Hocker gegenüber der Bühne. Alleine und dennoch mittendrin versank ich im Schummerlicht der Kneipe, nippte an meinem Wein und genoss die besondere Atmosphäre. Drei junge Männer mit Rastazöpfen quetschten sich mit Gitarre und Geige auf der Bühne zusammen und begannen, «Morna» zu spielen. Die kapverdische Musik voller Sehnsucht, Melancholie und Weltschmerz traf mich mitten ins Herz und brachte mir ins Bewusstsein, was ich den ganzen Tag über in den hintersten Winkel meines Kopfes gesperrt hatte: Heute jährte sich zum vierten Mal der Todestag meines Vaters. «Auf dich, Papa», dachte ich und nahm einen großen Schluck, «ich hoffe, es geht dir gut.»

Ich schloss die Augen, und die Musik trug mich wie auf einem fliegenden Teppich davon. Die vergangenen Jahre lagen wie ein Miniatur-Wunderland unter mir, und zum ersten Mal sah ich das größere Ganze. Mein Teppich flog mich in meine alte Heimat aufs Land. Ich sah unser Reetdachhaus, die Wiese und meine Bienenstöcke. Plötzlich ging die Haustür auf, und ich lief mit wehendem Mantel aus dem Haus, sprang ins Auto und fuhr zum Krankenhaus. Das leblose Gesicht meines Vaters tauchte auf, und ich öffnete kurz die Augen, damit es wieder verschwand. Mich erfüllte Stolz auf das, was ich geleistet hatte, und auf all die Erfahrungen, die ich seit dem denkwürdigen Tag im Februar gemacht hatte. Ich überflog mit meinem Teppich die Dächer Lissabons, den Tejo und Cristo Rei. Die Sonne funkelte, und der Himmel leuchtete blau. Ich sah mich am Miradorou de Santa Catarina sitzen, aber statt Lisboa-Feeling und Leichtigkeit tauchten die Monster namens Einsamkeit, Angst und Verzweiflung auf. Aber ich hatte das Gefühl, dass das alles Sinn ergab. «Ich musste meinen Dämonen beggnen, damit sie ihre zerstörerische Kraft über mich verlieren», dachte ich, und das Reiben von Handflächen holte mich zurück in die Bar. Die Musiker stimmten das nächste Stück an. Ich kletterte erneut auf meinen Teppich und schaute auf das Miniatur-Wunderland, das mein Leben war. Ich sah mich, wie ich in einer winterlichen Vollmondnacht unsere Haustür abschloss und mich nur mit einem Koffer in der Hand auf eine Pilgertour begab. Ich sah das «Mädchen vom Lande», das auf der Reise zu sich selber reifte, selbstbewusster und stärker wurde. Noch hatte ich keinen festen Boden unter den Füßen, aber ich vertraute, dass da ein Weg war, auch wenn er sich noch nicht klar zeigte. Er war in mir, und wenn ich achtsam und liebevoll mit mir war, dann würde ich ihn finden. «Die letzten Jahre waren wahrscheinlich das Beste, was mir passieren konnte», dachte ich und prostete meinem Vater noch einmal zu. Mein Groll auf ihn, den ich in den letzten Jahren mit mir herumgetragen hatte, war verschwunden. Ein Schauder lief über meinen Rücken, obwohl es heiß und stickig war. Eine junge Frau stimmte in das Lied der drei Musiker ein, und mein Weltschmerz wich überbordender Lebensfreude. Ich landete mit meinem fliegenden Teppich wieder auf meinem Hocker in der kleinen Bar, wo sich die Welt traf und miteinander musizierte, und hatte das Gefühl, das sich in diesem Moment all das hier zugegen war, wonach ich gesucht hatte. Meine Füße wippten, und ich wollte aufspringen und tanzen, aber die Bar war zu voll. Überwältigt von Glück, riss es mich hoch, und ich drängelte nach draußen, um frische Luft zu schnappen. Ich setzte mich auf eine Treppenstufe und atmete tief durch. Um diese Zeit war die Alfama ruhig, und es war kaum vorstellbar, dass es hier tagsüber so überlaufen und voller Touristen war. Die Umrisse der Spielgeräte auf dem kleinen Platz erinnerten mich in der Dunkelheit an erstarrte Dinosaurier. Ein paar Motten flatterten um eine Straßenlaterne. Die Musiker hörten auf zu spielen, und ein paar Gäste verließen die Bar. Kurz überlegte ich, wieder hineinzugehen, entschied mich aber, nach Hause zu gehen. Schöner konnte es nicht werden, und ich hatte auf einmal das Bedürfnis nach Stille.

Erfüllt von dem schönen Erlebnis, lief ich durch die schlafende Stadt. Alles war still, und zum ersten Mal seit vier Jahren waren auch alle Stimmen, die sonst ständig in mir durcheinanderplapperten, verstummt. Nur ich und der Moment und ein tiefes Gefühl von Glück.

Was machte mich glücklich? Diese Frage hatte ich mir selten gestellt. Spontan dachte ich an das Glück, Erfahrungen zu machen und zu lernen. Ich dachte an Wind auf meiner Haut. Die Sonne. An einen weiten Horizont. An Stille. An das Summen meiner Bienen. An Nacktbaden im Meer, an die Sonne in meinem Gesicht und an Musik, die mich so berührte, dass ich tanzen oder weinen wollte. Ich dachte an Herausforderungen, die Angst machten und gleichzeitig neugierig. Ich dachte an das Glück, mich selbst zu vergessen und einfach nur zu sein. Ohne Plan, ohne To-do und ohne Must-have. An ein Glas Rotwein und Schokolade dazu, an den Duft von Orangenblüten im April und an die lilafarbenen Blüten der Jacarandas im Mai. Und ich dachte an meine kissing spots, die ich noch lange nicht alle ausprobiert hatte. Ich dachte an die Schwalben und ihre Rufe und an die Tage, wenn der Nebel vom Tejo durch die Gassen zog und die Stadt verhüllte. All das war Glück für mich. Ja, ich war glücklich. Gerade hier, in diesem Moment am Todestag meines Vaters, während ich durch die Nacht lief, fühlte ich mich durch und durch glücklich.

Nach einer Stunde erreichte ich meine Wohnung. Die Straßenlaternen warfen ihr gemütliches orangefarbenes Licht in die Wohnung. Ich setzte mich im Dunklen an meinen Küchentisch vor die offene Balkontür und fuhr meinen Computer hoch. Ein letztes Mal las ich, was ich in den letzten Wochen in meinen vielen schlaflosen Nächten geschrieben hatte. Ein paarmal änderte oder löschte ich etwas, dann formulierte ich ein Anschreiben an den Verlag und hängte zu guter Letzt mein Exposé und das Storyboard an die Mail. «Bring mir Glück, Papa», flüsterte ich und klickte zögerlich auf «Senden». Beim leisen Geräusch, mit dem die Mail meinen Account verließ, schoss ein Schwall Adrenalin durch meine Adern. «Misson accomplished!», simste ich so wie ein halbes Jahr zuvor an meine Freundin in Deutschland, auch wenn es mitten in der Nacht war und sie die Nachricht erst am nächsten Tag erhalten würde. Draußen wurde es langsam heller, und die ersten Vögel begannen zu singen. Erst vereinzelt und zaghaft, dann mehr und mehr, bis sich im Garten unterhalb meiner Wohnung ein Vogelkonzert entfaltete. Ich verschloss meine Fensterläden, ging endlich ins Bett und wachte erst spät am Nachmittag wieder auf. Von unten drang Marias krächzende Stimme durch die dünne Decke zu mir nach oben. Ich lauschte dem Rumoren des Pflegedienstes, sank zurück auf mein Kissen und döste noch ein wenig. Irgendwann stand ich dann doch auf. Ich befüllte meinen Espressokocher, und während der Kaffee durchlief und sein Duft die Küche erfüllte, schäumte ich meine Hafermilch auf und beobachtete, wie sich die Blasen auf der Oberfläche bildeten, zerplatzten und wieder neu bildeten, bis endlich eine stabile Schicht aus Schaum entstand. Im Hintergrund spielte die Playlist, die ich zu Beginn meines Lebens in Lissabon zusammengestellt hatte. Ich füllte die dampfende Flüssigkeit in meine Lieblingstasse, gab ein bisschen Schaum obendrauf und ging zum Balkon. Marias Orangenbaum hing voller grüner Früchte. «Das wird hübsch, wenn die alle orange sind», dachte ich und hoffte, dass ich dann noch hier wohnen könnte.

Epilog

Leise betrat ich das Zimmer und verschloss die Tür hinter mir, damit keiner der anderen Bewohner aus Versehen reinplatzte. Die schweren Atemzüge meiner Mutter waren bis zur Tür zu hören. Zaghaft schlich ich die zwei Schritte den kleinen Flur entlang, bis ich am Fußende des Bettes stand. Meine Mutter lag unter einer dicken Decke und sah aus wie ein frisch geschlüpftes Küken. Dabei war das Gegenteil der Fall. Sie hatte sich auf den Weg gemacht, und ihr Gesicht trug die scharfen Züge des Todes. Ihre Augen waren geschlossen und lagen tief in den Höhlen. Ihr Mund stand leicht offen, manchmal verschluckte sie sich und hustete. Es dauerte einen Moment, bis ich wagte, näher zu treten. Dann zog ich den Sessel, der früher in unserem Wohnzimmer gestanden hatte, neben ihr Bett und setzte mich. «Mamilein, ich bin da», flüsterte ich und legte sachte meine Hand auf die ihre. Sie wirkte entspannt. In den letzten Jahren hatte ich sie eher leidvoll und unruhig erlebt, als würde sie unentwegt gegen eine unsichtbare Macht ankämpfen. Und so war es ja auch. Ihre Angst, wie mein Großvater an Demenz zu erkranken, hatte sie innerlich zerfressen und der Krankheit in die Hände gespielt.

Ich zog meinen Mantel aus und hängte ihn über die Sessellehne. Essensduft aus der Heimküche, die auf der anderen Seite des Gartens lag, zog durch die offene Terrassentür. Dort drüben ging das Leben seinen normalen Gang; wie nah Tod und Leben doch beieinanderlagen. Meine Mutter hustete. Furchtsam beobachtete ich sie, bis sich ihr Atem endlich normalisierte. Ich überlegte, ob ich ihr etwas sagen wollte, aber mir lag nichts auf dem Herzen. Zwischen uns war alles geklärt. Das letzte Mal hatte ich sie vor zwei Monaten gesehen. Wir hatten in der Wohnküche des Heimes zusammen am Tisch gesessen, und ich hatte ihr beim Essen geholfen oder ihre Hand gehalten. Manchmal hatte sie mich überrascht angeschaut und gelächelt, und ich hatte das Gefühl, dass sie mich erkannte. Wie immer hatte ich ein paar Selfies von uns gemacht, damit ich irgendwann ein Album anfertigen konnte von all den Jahren, in denen ich mich um sie gekümmert hatte. Am frühen Abend hatten die Pflegerinnen sie abgeholt, um sie für die Nacht vorzubereiten. Ich hatte mich von ihr verabschiedet und ihr besorgt nachgeschaut, als sie auf wackeligen Beinen den Flur hinabgeführt wurde. Diesmal war ich mit einem mulmigen Gefühl nach Lissabon zurückgeflogen.

Der Anruf des Heimes drei Wochen später hatte mich nicht überrascht. Sofort hatte ich den nächsten Flug gebucht und war vom Flughafen direkt zum Heim gefahren.

Vom Flur schallten Wortfetzen der Pflegerinnen und das Geschrei eines Bewohners. Die Geräusche störten die Heiligkeit des Momentes, daher legte ich die einzige CD in den Player, die ich fand. «Jauchzet, frohlocket, auf, preiset die Tage», schmetterte ein Chor und übertönte die Alltagsgeräusche. Der Spätsommer war in vollem Gange, und Weihnachten lag in weiter Ferne. Die Musik erinnerte mich an die Zeiten, als ich zusammen mit meiner Mutter im Kirchenchor gesungen und wir jahrelang an Heiligabend das Oratorium gehört hatten. Tränen stiegen mir in die Augen, und gleichzeitig musste ich schmunzeln. Irgendetwas von der Musik spürte sie, da war ich mir sicher. Statt Trauer fühlte ich Dankbarkeit dafür, dass ihre letzten Jahre schön gewesen waren.

Im Heim hatte sie sich wohlgefühlt. Hier hatten alle Demenz. Sie konnte die komischsten Dinge tun und wurde stets mit Respekt und Fürsorge behandelt. Sie konnte singen, spazieren gehen und einmal die Woche mit einem Therapiehund kuscheln. An der Wand hing das großformatige Foto meines Vaters, das wir für seine Beerdigung hatten drucken lassen. Sein Gesichtsausdruck mit der Zornesfalte zwischen den Augen störte mich, daher verschob ich meinen Sessel, damit das Foto nicht mehr in meinem Blickfeld lag. Aber das reichte nicht. Sein kritischer Blick bohrte sich in meinen Rücken. Ich stand auf, nahm das Bild ab und lehnte es verkehrt herum gegen die Wand. Das fühlte sich besser an. Ein Windhauch wehte durch die Terrassentür und blies die Gardine zur Seite. Die Blüten der Hortensien hatten sich in zarte transparentrote Schmuckstücke verwandelt. Orangefarbene Lampionblumen leuchteten als fröhliche Farbtupfer vor grünem Hintergrund, und die Blüten der Wildrosen hatten sich in rote Hagebutten verwandelt. Ich dachte an die vielen Runden, die ich mit meiner Mutter im Garten gedreht hatte. Sie hatte Blätter, Zweige und vertrocknete Beeren aufgesammelt und irgendwo wieder abgelegt. Im ganzen Garten hinterließ sie ihre kleinen expressionistischen Kunstwerke, die so hübsch waren, dass ich sie auch für das geplante Album fotografierte.

Eine Pflegerin kam, tröpfelte meiner Mutter mit einem Schwämmchen Wasser in den Mund und befeuchtete ihre trockenen Lippen. Sie ging, und ich war wieder alleine mit ihr. Der Gedanke, dass ich bald niemandes «Kind» mehr sein würde, machte mich traurig. Dabei hatte ich viele Jahre Zeit gehabt, um mich daran zu gewöhnen. Der Abschied von meiner Mutter fand nicht hier an ihrem Sterbebett statt, sondern hatte bereits lange vorher mit dem Ausbruch ihrer Krankheit begonnen.

Ich saß noch eine Weile bei ihr, bis ich das Gefühl hatte, gehen zu müssen, damit sie ihr Leben vollenden konnte. «Alles ist gut, Mama. Du kannst einfach davonfliegen», flüsterte ich ihr ins Ohr und gab ihr ein letztes Küsschen auf die Wange.

An diesem Tag fuhr ich nicht nach Hamburg zurück, sondern auf den Campingplatz in der Nähe, auf dem mein Bauwagen eine neue Bleibe gefunden hatte. Auf dem Weg dorthin fuhr ich zum ersten Mal wieder durch die Dörfer und die Landschaft, die über zehn Jahre meine Heimat gewesen war. Sie war mir vertraut und gleichzeitig fremd, und ich stellte erleichtert fest, dass es mir nichts ausmachte. «Flügelchen ist umgezogen», stand auf meinem Firmenschild, das nach wie vor am Ortseingang stand. Spontan setzte ich den Blinker und bog ab. Auf der Dorfstraße kam mir unsere ehemalige Nachbarin mit ihrem Hund entgegen. Ich winkte, und sie winkte zurück, als hätten wir uns gestern das letzte Mal gesehen. Mein Puls stieg, als der Giebel unseres Hauses in der Senke hinter den Büschen auftauchte, und sackte in den Keller, als ich im Schritttempo am Grundstück vorbeifuhr. Mein Bienenparadies war nicht wiederzuerkennen. Eine raspelkurze Wiese, abgehackte Bäume und gestochene Rasenkanten statt wilder Natur. Vor der Haustür standen zwei griechische Statuen, die aussahen, als hätte ein wütender Uranos sie vom Himmel geschleudert. In meinem ehemaligen Hofladen befanden sich zwei Autos, die in «Fridays for Future»-Zeiten fast provokant wirkten. Auf dem verwilderten Nachbargrundstück, auf dem alles angefangen hatte und wo meine ersten Bienenstöcke ihr Zuhause gefunden hatten, erhob sich ein Rohbau. Ich hatte genug gesehen und wendete, dankbar für die schöne Zeit, die ich hier zusammen mit meinem Mann verbracht hatte, aber auch erleichtert, den Absprung in ein neues Leben gewagt zu haben.

Am späten Nachmittag kam ich auf dem Campingplatz an der

Ostsee an und parkte vor der «Villa Pauli», in die ich mich nach dem Tod meines Vaters so gern verkrochen hatte. Mein Herz schlug heftiger, als ich die Tür aufschloss und das Wägelchen betrat. Es hatte sich zum Glück nicht verändert und war noch genauso gemütlich, wie ich es in Erinnerung hatte. Hier hatte ich an meiner ersten Romanidee gearbeitet, Briefe an meinen Vater geschrieben und in meinen Morgenseiten darüber reflektiert, alleine auf dem Land zu bleiben oder meiner Sehnsucht nach Lissabon nachzugeben. Ich verstaute mein Gepäck, so gut es ging, in den Schubladen unter dem Bett und machte mir etwas zu essen. Als es dämmerte, entzündete ich eine Kerze und stellte sie ins Fenster. Dann wickelte ich mir eine Wolldecke um die Beine, setzte mich mit einem Glas Wein auf die Terrasse und beobachtete, wie der Mond über dem Meer aufstieg. Als es zu kalt wurde, ging ich rein und kuschelte mich in das gemütliche Bett. Die Terrassentüren standen weit offen, und ich beobachtete, wie der Vollmond höher und höher an dem sternenklaren Himmel kletterte. Sein Licht schimmerte golden auf den seichten Wellen der Ostsee, und es sah aus, als würde er den Weg in den Himmel beleuchten. Kein Lüftchen regte sich. Diese Nacht war magisch. «Lieber Gott, bitte mach, dass Mama in dieser schönen Nacht sterben kann», betete ich und schlief ein.

Es war nach Mitternacht, als mich etwas weckte. Der Lichtschein der Kerze tanzte unruhig über die halbrunde Decke des Bauwagens, obwohl kein Luftzug ging. Ich beobachtete die Flamme und wusste, dass meine Mutter es geschafft hatte. «Gute Reise, liebe Mama», flüsterte ich, und die Kerze erlosch, obwohl sie noch lange nicht abgebrannt war. Am nächsten Morgen rief das Heim an und bestätigte, was ich schon wusste. Meine Mutter war gestorben, in dieser wunderschönen Vollmondnacht an einem Freitag, den 13.

Als ich ihr Zimmer betrat, war ihr Bett mit Blumen und dem Strohhut geschmückt, den sie im Garten so gerne getragen hatte. Auf ihrem Gesicht lag ein Lächeln. «Sterben kann auch schön sein» – mir fielen mir die Worte meines Schwiegervaters ein, und ich wusste, dass meine Mutter das Gleiche gesagt hätte. Ich ging auf die Terrasse, sammelte Blätter, Hortensien und Hagebutten, legte ihr eines ihrer Kunstwerke auf den Bauch und setzte mich zu ihr. Ich war traurig und gleichzeitig erleichtert. Meine Rolle als ihr Vormund war mit ihrem Tod beendet. Sie hatte ihr Leben vollendet und ich meines wieder.

Ich legte das Weihnachts-Oratorium auf und dachte an all das, was in den letzten Jahren passiert war. Es würde noch dauern, bis ich es verstanden und verarbeitet haben würde. Als das Oratorium beendet war, brach ich auf. Der Abschied fiel mir schwer, aber es gab viel zu organisieren. Dieses Mal wusste ich, was zu tun war.

Die junge Frau auf dem Foto, das auf der Trauerfeier in der Kirche neben ihrer Urne stand, lächelte strahlend und hoffnungsfroh. So hatte ich meine Mutter nie kennengelernt. Irgendwo auf ihrem Lebensweg hatte sie ihr schönes und unbefangenes Lächeln verloren. Das Foto machte mich traurig, und gleichzeitig bestärkte es mich, auf mich zu hören und meinen eigenen Weg zu gehen, mochte er noch so steinig sein. Ein paar Tage nach der Beisetzung stieg ich ins Flugzeug. Im Gepäck hatte ich das Foto meiner Mutter und ein Gemälde meiner Großmutter. Die beiden Frauen, die mich am meisten geprägt hatten, sollten ab jetzt bei mir in Lissabon sein und mich mit ihrer Energie unterstützen. Ich setzte mir meinen Kopfhörer auf, zog meinen Mantel bis zum Kinn und schaute aus dem Fenster. Schon beim Geräusch der startenden Maschine kribbelte mein Bauch, und «Saudade» erfüllte mich, wie immer, wenn ich nach einem Aufenthalt in Deutschland zurück nach Hause flog. «Jetzt schwebst du auch hier irgendwo, Mama», dachte ich und suchte nach einer Wolke, die besonders weich und schön aussah.

Die Bougainvillea auf meinem Balkon stand in voller Blüte und hatte meine Abwesenheit gut verkraftet. Der Taxifahrer stellte mein Gepäck auf den schmalen Bürgersteig und wünschte mir einen schönen Tag. Dona Leonor stand im Hausanzug vor der Eingangstür und fegte. Wir umarmten uns, und ich berichtete ihr mit Händen und Füßen, was geschehen war. Sie rief ihren Mann Guilherme, damit er meine Koffer hochtrug, verschwand in ihrer Wohnung, um kurz darauf mit Gemüse aus ihrem Garten und zwei Gläsern Ginjinha wieder an der Haustür zu erscheinen. Ich wollte nicht unfreundlich sein und kippte den Schnaps hinunter, obwohl ich den ganzen Tag nichts gegessen hatte, dann verschwand ich so schnell wie möglich im Treppenhaus. Werbung verstopfte den Schlitz meines Briefkastens. Ich zog die Prospekte und einen Stapel Umschläge heraus und klemmte sie mir unter den Arm. Die Post war selten für mich, sondern meist für die Mieterin, die vor mir in meiner Wohnung gelebt hatte und schon vor langer Zeit gestorben war. Ich schloss meine Wohnungstür auf und warf den Stapel mit Umschlägen auf meinen Schreibtisch. Leonors Mann kam schnaufend mit meinem Gepäck die Treppe hinauf. Ich angelte die Franzbrötchen für sie aus meinem Rucksack, die ich wie immer aus Hamburg mitgebracht hatte, und ließ die Tür hinter ihm ins Schloss fallen. Nachdenklich ging ich durch meine Wohnung und überlegte, wo ich die Porträts meiner Mutter und Großmutter aufhängen wollte. Schließlich entschied ich mich für die Wand neben meinem Schreibtisch. Dort verbrachte ich die meiste Zeit.

Bevor ich die Post ins Altpapier warf, überflog ich die Adressen der Briefe. Einer war für mich. Auf dem Umschlag stand als Absender der Verlag, dem ich mein Exposé geschickt hatte. Ich riss den Brief auf und konnte nicht glauben, was ich da las. Mein Buch hatte einen Verlag gefunden.

Ich hatte es geschafft.

Ganz allein!

Dank

Ich danke Susanne Frank vom Rowohlt Verlag in Hamburg, dass ihr meine Idee gefallen hat und sie trotz meiner vielen Bitten um Fristverlängerung darauf vertraut hat, dass ich fertig werde.

Vielen Dank meiner lieben Freundin Julia Napp, die mein Exposé als Erste gelesen und es mit dem richtigen Gespür in die richtigen Hände gegeben hat.

Vielen Dank an Stephan Bartels, Autor und Journalist. Deine Expertise zu meiner Idee hat mich überhaupt erst ermutigt loszulegen.

Muito obrigada an meinen Freund Vasco Ferreira für die schönen Co-Working-Treffen im Tease-Café in der Rua da Quelhas und dafür, dass du mich unerschütterlich «Escritora» genannt hast.

Thank you an meinen Freund, den Fotografen Kenton Thatcher. Du hast so schöne Bilder von mir gemacht, dass ich mich selber kaum darauf erkenne.

Vielen Dank an meine Literaturagentin Eva Semitzidou, dass sie sich um Dinge gekümmert hat, von denen ich keine Ahnung habe.

Voller Dankbarkeit denke ich an die 16 wertvollen Jahre mit meinem Mann Jon Flemming Olsen. Du hast mir als Erster in meinem Leben das Gefühl vermittelt, wie toll es ist, wenn jemand an einen glaubt.